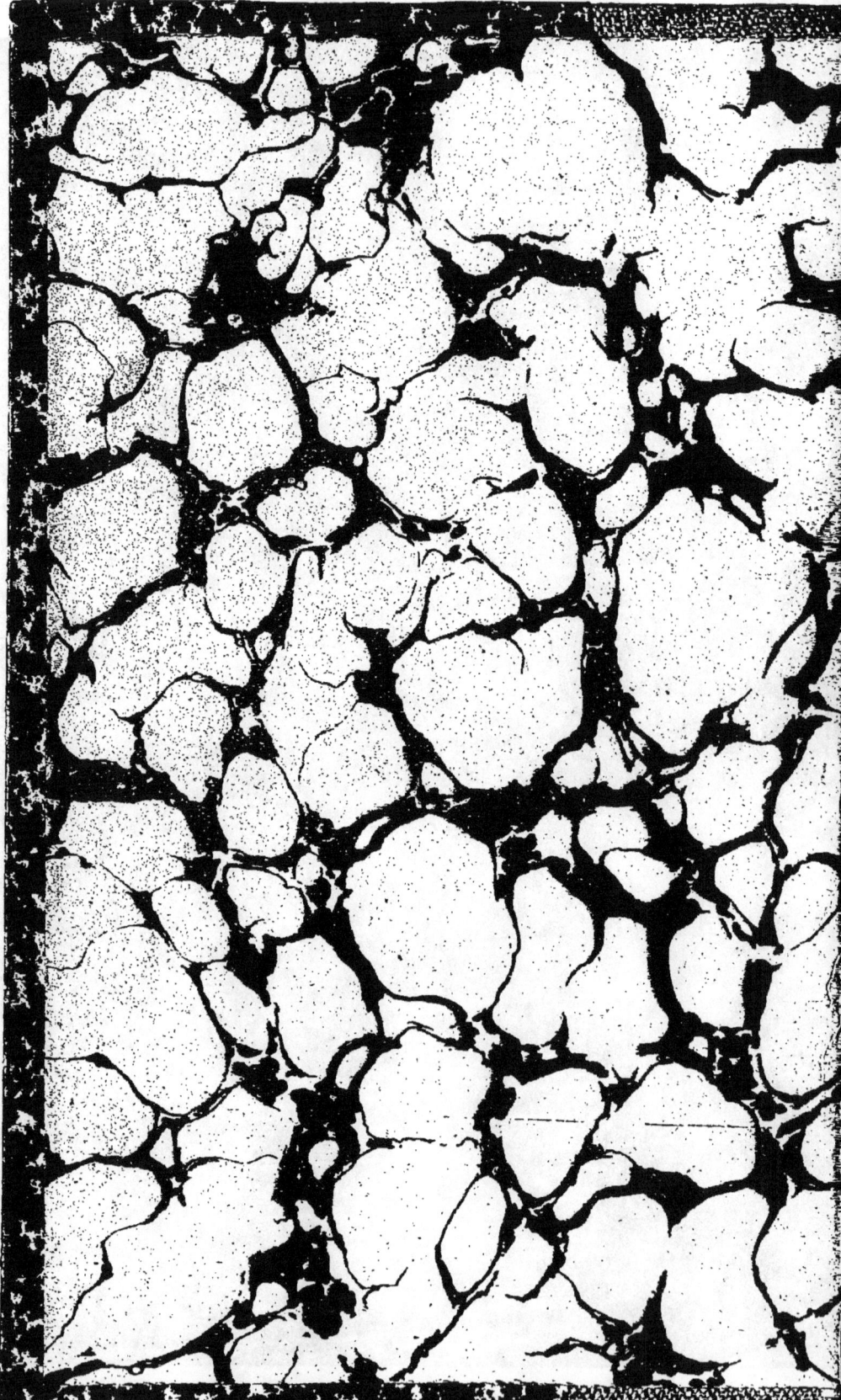

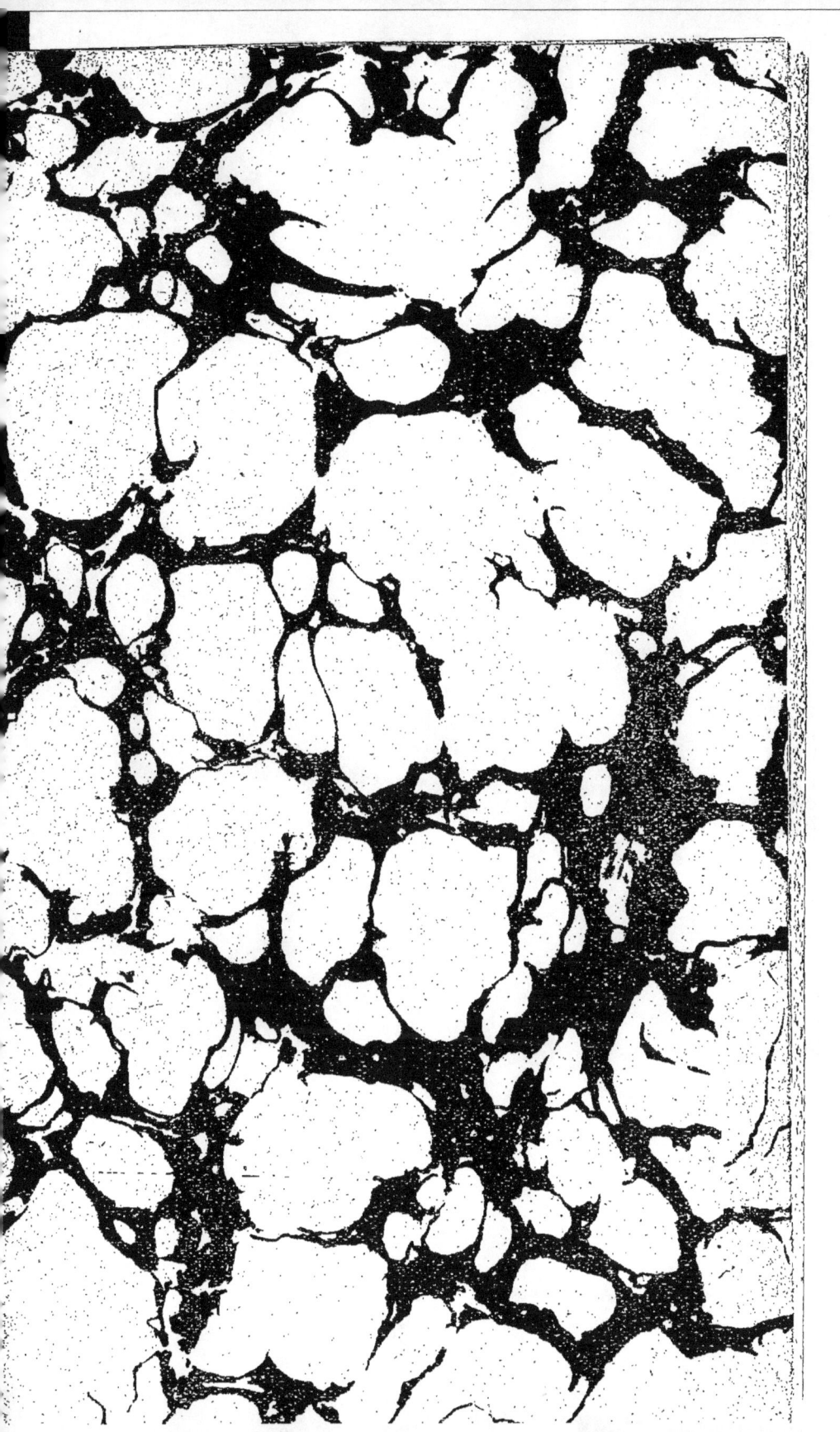

BENJAMIN GASTINEAU

LES
COURTISANES
DE L'ÉGLISE

DEUXIÈME ÉDITION

PARIS
COLLECTION GEORGES BARBA
7, rue Christine, 7

1870

LES
COURTISANES
DE L'ÉGLISE

OUVRAGES DE BENJAMIN GASTINEAU

Monsieur et Madame Satan (deux éditions épuisées). 1 vol. in-18.. 3 fr. 50
Les Femmes des Césars (trois éditions épuisées). 1 vol. in-18.. 3 »
Les Transportés de Décembre 1851. 1 vol. in-18........ 3 »
Les Amours de Mirabeau et de la marquise de Monnier. 1 vol. in-8.. 5 »
La France en Afrique et l'Orient à Paris. Édition illustrée par Gustave Doré.................................... 1 50
Les Femmes et les Mœurs de l'Algérie. 1 vol. in-18.... 3 »
Chasses au lion et à la panthère en Algérie. 1 vol. in-8.. 3 »
Sottises et scandales du Temps présent. 1 vol. in-12.... 2 »
La Dévote (5ᵉ édition). 1 vol. in-18..................... 3 »
Les Génies de la Liberté. 1 vol. in-18................... 3 »
Vie et œuvre de M. Taine. Brochure in-18.............. 1 »
Les Nouveaux Romans de Paris. 1 vol. in-18............ 3 »
Les Drames du Mariage. 1 vol. in-12................... 2 »
La Vie en Chemin de fer. 1 vol. in-12.................. 2 »
Les Monstres historiques (César). Brochure in-18....... 1 »
De Paris en Afrique. 1 vol. illustré par Doré............ 2 »
P.-J. Proudhon, sa vie et son œuvre. Brochure in-18..... » 50
Histoire de la folie humaine. — Le Carnaval. 1 vol. in-12. 1 »
Histoire du Père-Lachaise. 1 vol. in-12................. 1 »
Comment finissent les pauvres......................... 1 »
Les Génies de la science et de l'industrie (Bibliothèque utile). 1 vol. .... » 60

SOUS PRESSE :

L'Impératrice du Bas-Empire. 1 vol. in-18.

Paris. — Imprimerie VIÉVILLE et CAPIOMONT, rue des Poitevins, 6.

BENJAMIN GASTINEAU

LES COURTISANES
DE L'ÉGLISE

DEUXIÈME ÉDITION

PARIS
COLLECTION GEORGES BARBA
7, rue Christine, 7

1870

INTRODUCTION

Au moment où la papauté cherche à ressaisir par des bulles comminatoires, par des syllabus menaçants et par son concile une influence théocratique et une domination funestes aux sociétés, au moment où elle jette un outrecuidant défi au progrès et à la civilisation en fulminant contre la raison, la libre pensée et les libres penseurs, en confondant dans ses débiles imprécations la liberté et le mal, il ne paraîtra pas hors de propos de montrer les plaies, l'*envers* d'une institution de droit divin, qui ne s'est sans doute proclamée infaillible que pour mieux interdire toute discussion de son autorité arbitraire et pour faillir sans inconvénient, à l'abri de déclarations canoniques d'infaillibilité et d'impeccabilité.

La catholicité, « qui a fait des faiblesses humaines sa proie, » selon l'expression pittoresque du Père Lacordaire, a souffert de la réversibilité inhérente aux choses humaines. Séduite et captée par l'Église, la femme s'est livrée à elle avec les irrégularités de sa nature, de ses passions, et la tyrannie de ses adorations. Elle a dominé à son tour qui a voulu la dominer; elle a introduit Éros dans l'enceinte sacrée, elle a placé sa progéniture irrégulière sur le saint-siége, qu'elle a souillé de désordres et de scandales.

Depuis Théodora et Marozia jusqu'à Lucrèce Borgia et Olimpia, on voit avec stupeur des princesses de l'Église, d'ambitieuses dévotes, qu'on pourrait appeler *enragées*, dont la beauté, les charmes opulents et les séductions profanes font du Vatican un capharnaüm, de la papauté et des hauts dignitaires de l'Église un jouet de leurs caprices.

En vain Grégoire VII, le pape dictateur, en instituant le célibat, tonna-t-il contre les débauches de son clergé, essaya-t-il de porter le fer rouge au sein de cette corruption, et de disperser la légion de courtisanes qui vivaient de l'autel. Le moyen était mauvais, car on ne réussit pas à moraliser en dehors de l'atmosphère fortifiante de la famille. Et l'Église catholique s'est mise à la fois hors la famille, hors le progrès, hors l'humanité.

Les chefs de la catholicité ont souvent erré en matière de foi; les conciles les ont maintes fois redressés, et cependant le droit canonique les déclare infaillibles. Ils ont cédé au torrent de toutes les passions humaines, et en dépit de leurs faiblesses, de leurs vices, le droit catholique les déclare impeccables.

Sans doute l'infaillibilité papale était nécessaire pour fixer la catholicité dans l'immobilité de l'absolutisme, pour la garantir des hérésies et des réformes; de même que l'impeccabilité devait justifier à l'avance le souverain pontife de toutes ses fautes, de toutes ses erreurs, et consacrer son autorité absolue, son pouvoir immense. Mais les faits démentent trop victorieusement ces belles déclarations canoniques, et les papes se sont montrés trop faillibles et trop peccables pour que la libre pensée baisse les yeux, fasse silence comme les catholiques, et ne regarde pas en face cette institution de la papauté, cette monarchie religieuse d'essence aussi fragile, aussi despotique et mondaine, aussi avide de pouvoir temporel, de conquêtes matérielles, de richesses et de domination que les monarchies politiques.

Pour être édifié *à priori*, il suffit d'ailleurs de consulter la chronologie du saint-siége : vingt-quatre antipapes et une papesse (voir notre travail sur la papesse Jeanne à la fin de ce volume) ont été chefs de la catholicité ; dix-neuf papes ont quitté Rome ; neuf ont habité Avignon ; vingt-six papes sont venus en France.

De saint Lin à saint Grégoire, la durée de règne des deux cent cinquante et un pontificats se distribue ainsi : huit papes ont siégé un mois ; quarante, un an ; vingt-deux, d'un an à deux ; cinquante-quatre, de deux à cinq ans; cinquante-sept, de cinq à dix ans; cinquante et un, de dix à quinze ans; dix-huit, de quinze à vingt ans, et seulement neuf plus de vingt ans.

On voit que les chiffres ont leur éloquence!

M. Petruccelli della Gattina fait dans l'*Histoire diplomatique des conclaves*, un tableau saisissant de ce qu'on pourrait appeler sans exagération la tragédie papale.

La papauté, depuis saint Pierre jusqu'à Pie IX, a eu deux cent quatre-vingt-dix-sept chefs dits papes; trente et un de ces chefs furent désignés comme des usurpateurs, des hérétiques, des antipapes. Sur les deux cent quatre-vingt-deux papes, dits légitimes, on en compte vingt-neuf morts violemment, puis trente-cinq autres papes morts aussi de mort violente. Dix-huit papes furent empoisonnés, quatre égorgés, treize autres moururent de morts diverses : Étienne VI étranglé, Léon III et Jean XVI mutilés, Jean X étouffé, Benoît VI tué avec un lacet au cou. Selon Gualterio, Jean XIV mourut affamé, ainsi que Grégoire XVI. Luce II fut tué à coups de pierres, Grégoire VIII enfermé dans une cage de fer, Célestin V à l'aide d'un clou enfoncé dans les tempes; Paul II succomba sous le poids écrasant des pierreries de sa tiare; Pie IV mourut d'épuisement et de luxure.

Ainsi sur deux cent soixante-deux papes, soixante-quatre ont péri de mort extraordinaire et violente.

Sans compter les papes d'Avignon, vingt-six souverains pontifes ont été déposés, expulsés ou exilés.

Les papes ont toujours été le fléau de l'Italie. Pour se faire soutenir sur leur siége vermoulu, vingt-huit papes ont appelé l'étranger dans la Péninsule. A l'heure où nous écrivons, l'étranger est encore en Italie, et l'étranger, c'est nous!

« Bref, dit M. Petruccelli, quatre-vingt-dix papes morts violemment, expulsés, déposés, exilés; trente-cinq qui auraient mérité le même sort, étant infidèles à l'institution pontificale; vingt-huit qui auraient subi le même châtiment si l'étranger ne fût pas intervenu pour les sauver. En tout, cent cinquante-trois papes sur deux cent soixante-deux, qui ont été indignes. »

Faut-il encore ajouter à l'histoire édifiante des papes, que, violant leurs vœux de virginité, un grand nombre d'entre eux eurent des enfants; nous nous contenterons de citer Pie II, Sixte IV, Innocent VIII, Alexandre VI, Paul III.

Voilà les preuves historiques de l'infaillibilité et de l'impeccabilité papales! Et ces souverains pontifes qui ont donné l'exemple de toutes les faiblesses, de tous les vices, n'ont pas craint de déclarer dans des bulles comme l'*Unam sanctam*, lancée par Boniface VIII contre Philippe le Bel, que petits ou grands, rois ou vassaux, tous les hommes sont tenus, *sous peine de damnation*, de se croire sujets du pontife romain !

Suivant le droit canonique, dit dans la *Croix ou la Mort*, le baron de Ponnat, dont l'érudition fait autorité en ces matières, le pape est le Seigneur Notre-Dieu. Il a l'omniscience ; il est la cause des causes ; il est au-dessus de tout droit positif humain.

Il peut changer la nature des choses et faire quelque chose de rien.

Cependant plusieurs papes qui savaient bien à quoi s'en tenir sur leur propre compte, en première ligne Urbain V, ont reconnu leur faillibilité, en se soumettant à la correction des conciles et de l'Église ; et d'autres, comme Victor III et Adrien VI, ont confessé ouvertement leurs fautes, leur peccabilité, ainsi que celle des hauts dignitaires de l'Église. Comment Adrien aurait-il pu donner un blanc-seing de vie immaculée à ses collègues, après les monstruosités d'un Benoît et d'un Alexandre VI ?...

Boniface VIII ne croyait pas non plus à l'infaillibilité de ses prédécesseurs, puisqu'il fit brûler tous les actes de Célestin V. D'ailleurs pendant le schisme, papes et antipapes ne se sont-ils pas bel et bien excommuniés et damnés à l'envi ?

Dans ses instructions à son nonce, près la cour de Nuremberg, Adrien VI reconnaît les *abominables excès* commis autour du saint-siége : « La corruption s'est répandue de la tête aux membres, du pape aux prélats. Nous avons tous dévié, il n'en est aucun qui ait fait le bien, pas même un seul ! »

Pas même un seul pape ayant fait le bien ! On voit que l'aveu sorti de la bouche d'un successeur de saint Pierre est complet.

En effet, l'histoire sévère, l'histoire au stylet d'airain, qui ne pardonne ni au crime, ni à la superstition, atteste la faillibilité, les irrégularités inouïes des chefs *impeccables* de l'Église, à tel point que bon nombre d'entre eux se sont laissé dominer par des *papesses*, par des courtisanes jouant la dévotion ; la faiblesse et la tentation féminines ont triomphé de ces orgueilleux de la tiare, qui, les pieds dans la boue, avaient placé leur tête dans une région céleste, en se déclarant au-dessus de la nature humaine.

Récapitulons les faits d'influence féminine qui instruisent le procès des vices de la papauté, contre laquelle ils se dressent nombreux et infamants.

Grégoire Ier fut en relation constante avec la

reine des Lombards, Théodelinde, qui par amour du pape protégea l'Église et la gratifia d'immenses richesses.

Le pape Léon VI fut une femme; *il* ou *elle* mourut en couches. — *Peperit papissa papillam*, dit Amalaria Angerio, le chapelain d'Urbain V.

Durant un demi-siècle les destinées du saint-siége relevèrent de deux grandes courtisanes de l'Église ; la papauté se *pâma dans le boudoir de Théodora et de Marozia*, suivant l'expression pittoresque du spirituel auteur de l'*Histoire diplomatique des Conclaves*. Sergius III était publiquement l'amant de la courtisane papesse Marozia, dont elle eut un enfant qui devint pape ; — Jean X, de Théodora qui, de l'archevêché de Ravenne, le fit monter par ses intrigues sur le siége papal, parce que son amant était trop éloigné d'elle, parce qu'à Ravenne, dit Luitprand, à deux cent milles de distance, *rarissimo concubito potiretur*.

C'est ce pape Jean X que le cardinal Baronius appelle « un intrus infâme, appuyé par le pouvoir d'une femme de mauvaise vie. »

Jean XII fut assassiné à coups de marteau dans la maison d'une femme mariée.

Grégoire VII aurait eu des relations fort intimes et fort charnelles, d'après quelques historiens, avec la vraie fondatrice du pouvoir temporel de la papauté, avec la belliqueuse comtesse Mathilde.

Clément V, simoniaque et débauché, vivait ostensiblement, dit Jean Villani, avec la belle comtesse de Périgord, fille du comte de Foix.

Dans l'assemblée réunie au Louvre par Philippe le Bel, qui voulait se venger de l'excommunication de Boniface VIII, Guillaume de Plasian, parlant au nom du roi, affirma que le pape Boniface non content de vivre avec sa maîtresse dona Cola, avait encore des accointances avec la fille de dona Cola et avec les femmes de chambre de la mère et de la fille.

Lucrèce Borgia eut rang et rôle de princesse de l'Église. Après avoir été incestueuse, elle se livra aux cardinaux et aux princes. Sous Alexandre VI le Vatican était une hôtellerie de courtisanes; au chevet de son lit, Alexandre avait fait placer le tableau du peintre Pinturrichio, qui représentait sous la forme de la Vierge la maîtresse du pape, la belle courtisane Giulia Farnèse, recevant le tribut d'adoration de son amant Alexandre VI.

Paul III, qui sanctionna l'ordre des Jésuites, et dont Benvenuto Cellini disait qu'il ne croyait à rien, ni en Dieu, ni en autre chose, l'astrologie exceptée, avait débauché sa fille Constance avant son union avec Sforza. Comme le mari s'opposait à la continuation de l'inceste, il fut empoisonné par le pape.

Pie IV mourut d'excès entre les bras d'une femme. Léon X appelait les plus grandes dames de l'Italie pour leur faire voir des pièces à filles de joie. « Il ne songeait qu'aux bacchanales, dit Paolo Giovio, et avec des cardinaux très-noblement élevés et sans préjugés, il consumait très-libéralement la vie en chasses, banquets et spectacles. »

Ce pape vécut à ce point dans la bacchanale et le sybaritisme qu'on ignore s'il mourut de poison ou de maladie honteuse.

De 1644 à 1655 le vrai pape ne fut pas Innocent X., mais sa belle-sœur et maîtresse, doua Olimpia, qui rédigeait ses bulles et dirigeait les affaires intérieures et extérieures de l'Église.

Les femmes ont trempé dans les opérations des conclaves. Plus d'un pape dut son élection à leurs intrigues. Les maîtresses des cardinaux, comme Théodora, Olimpia et tant d'autres, ne reculèrent devant aucune action pour pousser leurs amants jusqu'au trône pontifical et devenir co-papes ou papesses.

L'élément féminin a été à ce point mêlé à la papauté, à l'Église et à la religion, que des femmes ont pu convoquer des conciles, présider à la constitution du dogme et décréter la foi, la croyance catholique selon leurs caprices ou leur bon plaisir.

Ainsi l'impératrice Eudoxie convoqua le fameux concile d'Éphèse, dit le concile du brigandage, et fit réhabiliter Eutychès. Le quatrième concile œcuménique fut convoqué par l'impératrice Pulchérie ; six cent trente-six Pères, dociles à ses ordres, se rendirent à Chalcédoine. Au sixième siècle, la prostituée et la comédienne Théodora, qui avait passé de l'*Embolum*, du portique de prostitution au palais impérial et à la couche de Justinien, joua un véritable rôle de papesse. Elle renversa le pape romain pour lui substituer son protégé ; elle annula les décisions d'un concile et en réunit un autre à Constantinople. Elle décréta ce qu'était l'hérésie et ce qu'était la foi !

Les beaux-arts sont redevables de la conservation des images à deux femmes, Irène et Théodora, qui dans le concile de Nicée, en 787, et dans celui de Constantinople en 842, firent condamner les iconoclastes et reconnaître le culte des images.

On voit donc que les dogmes et les cérémonies catholiques ont été en partie confectionnés et ordonnés par les impératrices du Bas-Empire, par les femmes qui ont souverainement décidé des destinées de l'Église. Qu'on s'étonne maintenant que l'Église aime à tenir la femme sur ses genoux. Elle a été faite de son sang et de son cerveau.

Après tant de faits accusateurs et accablants, est-il possible de nier l'action de la femme sur le saint-siége, et de défendre l'impeccabilité et l'infaillibilité des papes?

Ce sont donc surtout les rapports de la femme avec la papauté, le rôle curieux et parfois étrange du *vice*-pape ou de la papesse, de la *courtisane de l'Église*, en un mot l'influence des femmes sur les souverains pontifes que nous avons voulu mettre en lumière, en nous aidant des travaux de tous les historiens profanes et de tous les nistoriens dits *sacrés*, tels que l'abbé Lenain de Tillemont, l'évêque Luitprand, le cardinal Baronius, plus sévères pour les leurs, pour les catholiques, que les historiens profanes eux-mêmes.

Nous n'avons pas cru blesser l'histoire, cette grande école de l'humanité que nous avons toujours respectée, en présentant notre sujet d'une manière dramatique, en groupant tous les faits intéressants, pathétiques ou tragiques, qui se rattachaient à notre thèse, méthode qui nous avait déjà réussi dans notre histoire de la terreur religieuse, dans *Monsieur et Madame Satan*, dont le succès nons a largement récompensé de nos recherches.

BENJAMIN GASTINEAU.

AVIS DE LA SECONDE ÉDITION

Voici la lettre de mon éditeur, M. Georges Barba, publiée par un grand nombre de journaux :

« L'affichage des *Courtisanes de l'Église*, ouvrage de M. Benjamin Gastineau, m'a été refusé à la préfecture de police, au ministère de l'intérieur, et en dernier ressort au ministère de la justice et des cultes.

« Pourquoi n'est-il plus permis à un éditeur de faire afficher le simple titre d'un ouvrage en cours de publication.

« C'est le premier cas, je crois, de ce genre.

« Le public appréciera le genre de liberté dont jouissent aujourd'hui les livres, surtout les livres qui, comme les *Courtisanes de l'Église*, ont le malheur de déplaire à la papauté et à Rome.

« Veuillez agréer mes salutations empressées.   Georges BARBA. »

En effet, nous croyons avec M. Barba que c'est le seul exemple d'un ouvrage en cours de publication dont l'affichage ait été interdit. Heureusement qu'on ne peut ni interdire l'histoire ni effacer de ses fastes les passions et les intrigues des *Courtisanes* qui ont souillé le siége de saint Pierre et influencé, pendant des siècles, les destinées de la papauté en trafiquant de leurs faveurs... et de celles de leur mère, l'Église.

Nous ne doutons pas que ce ne soit à la rigueur, à la fidélité historique de notre texte que nous devions le succès de ce livre, en dépit des restrictions administratives et des critiques intéressées.

Un dernier mot à propos de notre titre.

« Il est certain, dit un célèbre écrivain du XVIe siècle, le savant Henri Estienne dans son *Apologie pour Hérodote*, que le mot de *courtisane*, qui est le moins déshonnête, synonyme de p....., a pris son origine de la cour de Rome. »

Notre titre est donc parfaitement justifié par Henri Estienne, et ce sera notre unique réponse à quelques personnages qui se sont signés à l'appellation des *Courtisanes de l'Église*. — *Courtisane* provient originairement de la cour dissolue de Rome. — Mais, pour certaines gens de nuit et de silence, tout est scandaleux, même la vérité, même l'histoire!   B. GASTINEAU.

PREMIÈRE PARTIE

THÉODORA ET MAROZIA

THÉODORA ET MAROZIA

I

S'il est des courtisanes modestes ou inertes qui se contentent de tirer quelques profits de leurs charmes en régnant sur quelques particuliers obscurs et en exploitant leurs vices, l'histoire nous montre d'autres Dalilas, d'autres Bethsabées plus dissolues ou plus intelligentes, mais assurément plus intéressantes à étudier, qui, après avoir séduit les maîtres de la tiare et de la couronne, dominèrent les princes, le peuple et l'Église.

Nous voulons retracer l'histoire assez mal connue d'un trio d'illustres courtisanes, de Théodora et de ses deux filles, qui, maîtresses et mères de papes, pendant un demi-siècle, depuis la mort de Formose, en 896, jusqu'à l'élection de Clément II, en 1046, ont tenu dans leurs mains les destinées de la papauté et le gouvernement de Rome.

Les historiens protestants ont qualifié de *pornocratie* le temps où le siége pontifical fut influencé et dominé par les grandes prostituées de Rome. Quant aux historiens catholiques, quoique dignitaires de l'Église, la flétrissure qu'ils ont infligée à cette scandaleuse période du pouvoir papal n'est ni moins énergique ni moins vive que celle des réformés. Que nos lecteurs en jugent par les paroles salées de l'évêque Luitprand et du cardinal Baronius.

« Théodora, courtisane impudente, dit l'évêque Luitprand, a dominé à Rome avec une autorité virile et monarchique. Cette femme eut deux filles, Marozia et Théodora II, qui l'ont égalée en tout et qui ont été plus débauchées que la mère. Marozia a été l'amante du pape Sergius III et a enfanté avec lui, par un criminel adultère, Jean X, qui, après la mort de Jean de Ravenne, pape sous le nom de Jean X, est devenu chef de l'Église romaine. »

« Quel horrible aspect ne présentait pas la sainte Église romaine, s'écrie à son tour le cardinal Baronius dans ses *Annales*, lorsque d'infâmes courtisanes disposaient à leur gré des siéges épiscopaux, et, ce qui est également terrible à prononcer et à entendre, lorsqu'elles plaçaient leurs amants sur le trône même de saint Pierre ! Qui pourrait appeler pontifes légitimes des intrus qui devaient tout à des femmes de mauvaise vie ? Car on ne parlait plus de l'élection du clergé : les canons, les décrets des papes, les anciennes traditions, les rites sacrés étaient ensevelis dans le plus profond oubli ; la dissolution la plus effrénée, le pouvoir mondain, l'ambition de dominer avaient pris leur place. Quels auront été les cardinaux choisis par de tels monstres, etc. ?

« Le Christ assurément, continue Baronius, dormait alors d'un profond sommeil dans le fond de sa barque, tandis que les vents soufflaient de tous côtés, et qu'ils la couvraient des flots de la mer. »

Théodora et ses deux filles avaient qualité de patrices romaines. Leur titre officiel était *senatrix omnium Romanorum* (la sénatrice de tous les Romains).

Rome était alors une République oligarchique et théocratique constituée à peu près comme les républiques de Venise et d'Amalfi. La souveraineté résidait bien nominalement et fictivement dans le peuple, mais en réalité elle était passée entre les mains d'un petit nombre de nobles qui s'appropriaient les charges et disposaient de la dignité de pape à Rome et de celle de duc dans les autres villes.

Les courtisanes dont nous esquissons l'histoire parviennent au rang suprême en dominant par le faste, la coquetterie, l'intrigue galante et le concubinat, ces nobles toujours divisés en factions qui se disputaient le pouvoir papal et ducal.

En ces temps, les portes étaient toutes grandes ouvertes à l'influence féminine en raison de la situation même de la plupart des nobles qui, possédant des charges ecclésiastiques, ne pouvaient se marier. Alors ils tranchaient la difficulté et se donnaient une descendance en contractant des liaisons de la main gauche avec les dames romaines qui généralement préféraient le concubinat au mariage légitime, parce que l'épouse devait prendre le voile quand son époux recevait les ordres ou entrait dans un monastère, tandis que la concubine reconnue en était quitte pour déchirer le contrat, pour rompre le pacte lorsque les conditions de la vie changeaient.

Le concubinat à cette époque était donc un usage licite, que la loi reconnaissait, c'était un mariage avec divorce facultatif aux deux parties respectant le contrat mutuel tant qu'ils étaient d'accord et le brisant le jour où l'orage et le désaccord survenaient. Après la rupture, le pro-mari (ainsi s'appelait l'homme lié à l'épouse de la main gauche) cherchait une autre maîtresse et passait un autre contrat de concubinage avec elle, tandis que la femme redevenue libre se mettait en quête d'autres pro-maris (*promariti*). Les enfants issus de ces nœuds portaient le nom du pro-mari.

« Ce système était immoral, dit Bianchi-Giovini, l'auteur d'une remarquable histoire des papes (*Storia dei papi*), mais il ne faut pas chercher la moralité où gouvernent les prêtres. Le concubinat des nobles et des prêtres nous explique les nombreux bâtards ecclésiastiques de tous les grades et la facilité avec laquelle les dames de Rome passaient de l'un à l'autre mari. »

Théodora et ses deux filles eurent de nombreux maris et pro-maris.

II

Le côté le plus piquant du règne de ces grandes courtisanes de l'Église, c'est qu'elles apparaissent dans l'âge de fer de la féodalité, quand la force brutale et la furie du meurtre sont les seules divinités du monde, à la fin du neuvième et au commencement du dixième siècle, les plus épouvantables que l'humanité ait subis.

Eh bien ! c'est à cette époque entièrement hostile aux délicatesses, aux attraits de leur sexe, qu'on voit une Berthe et une Hermengarde trôner dans la Haute-Italie, une Théodora et une Marozia gouverner Rome et l'Italie centrale, suivant les caprices de leurs passions ou de leur ambition.

« Berthe, Hermengarde, Marozia, dit l'historien italien Cantu, trois veuves, trois femmes terribles, *acquéraient la puissance en donnant le corps.* »

La beauté et la ruse féminines, triomphant de la barbarie et de la grossièreté masculines, dirigeant la politique et la religion en enfance; l'homme bardé de fer, velu, hideux, hérissé, forgé de haines, d'ignorance, de superstitions, d'instincts violents, se laissant enlacer par les frêles liens de l'amour, Hercules horribles aux pieds de séduisantes Omphales, voilà l'étrange spectacle que donnèrent les sauvages conquérants, les nouveaux possesseurs de l'Italie, conquis et abaissés à leur tour par des puissances plus faibles, mais plus ductiles.

La civilisation est en partie faite du sang, des larmes et de l'amour des femmes. L'éternel féminin a pour fonction d'assouplir l'homme, de le ductiliser, de le civiliser. La beauté fut donc l'élément civilisateur de ces hordes d'envahisseurs de l'Italie; non pas cette beauté *platonique* d'une Béatrice, d'une Laure, qui devait enfanter un Dante et un Pétrarque, mais cette beauté *plastique*, sensuelle, voluptueuse, qui prodiguait de furieux embrassements dans des combats charnels où l'Italienne railleuse s'élevait au-dessus du barbare étonné de sa défaite et de son épuisement.

N'était-il pas naturel que des Romaines, que des femmes de race latine, à l'intelligence ouverte, à l'esprit délié, aux passions vigoureuses, reprissent le sceptre tombé des mains des descendants d'Énée et régnassent à leur tour sur ces blocs de chair, sur ces conquérants mal dégrossis, sur ces loups dévorants auxquels il fallait limer les dents, rogner les ongles et lisser le poil ; sur les Hérules, les Lombards, les Huns, les Franks, les Avares, les Goths et Ostrogoths enchantés de leur côté de trouver de charmantes créatures qui, tout en partageant leurs passions avides, avaient gardé cependant les formes élégantes, les voluptés raffinées de la civilisation romaine.

Quand ces déesses descendaient de leur olympe pour s'unir aux rudes conquérants de l'Italie, elles devenaient facilement les maîtresses, dans le sens littéral du mot, de princes, de seigneurs, de chefs militaires, d'évêques plus barbares qu'instruits, plus grossiers que déliés, subissant avec plaisir la direction d'une *conquise,* s'ils n'allaient pas au-devant du joug ; aussi la domination des femmes par la fascination des sens ne fut-elle à aucune époque de l'histoire aussi grande qu'aux neuvième et dixième siècles. Les conquérants traînaient à leur suite de véritables sérails; chaque seigneur, chaque évêque avait le sien. Les Franks avaient importé en Italie les habitudes licencieuses de la cour de Charlemagne; la pluralité des femmes était en honneur, comme un signe de puissance, de richesse, et la monogamie se voyait ridiculisée par les dames *de la main gauche*. Dans cette débauche inouïe de sang, de carnage, des abus de la force, l'amour libre versait ses enivrants poisons, glissait ses formes séduisantes, faisant comme toujours son profit des désordres sociaux.

III

La belle, l'*irrésistible* Hermengarde était fille du brillant marquis de Toscane, Adelbert le Riche, qui devint l'amant passionné de la patricienne Théodora, petite-fille de cette belle Waldrade dont la beauté avait tellement fasciné le roi Lothaire que, pour lui plaire, il ne craignit pas de rompre avec le pape, et de la grande Berthe qui, jusqu'à soixante ans, attacha à son char de nombreux amants français et italiens. Pendant qu'elle ré-

gna en Toscane, la grande Berthe bouleversa la
Péninsule au gré de ses caprices. Selon Luitprand,
elle tenait par ses galanteries les plus puissants
personnages. Quand sa conduite avait blessé un
prince, elle le désarmait par sa beauté et ses
grâces faciles. Par une incroyable bizarrerie, le
règne de cette Messaline diplomate fut désigné
comme le bon vieux temps : au temps que Berthe
filait, disent les Italiens (*al tempo che Berth filava*).
Si ce n'est pas de l'ironie, c'est une forte naïveté !

Digne fille d'une telle mère, et mettant en pratique ses leçons, Hermengarde assura longtemps à sa famille la prépondérance politique en Italie; elle valait à elle seule une armée. Pas un amant qui ne devînt pour elle un partisan dévoué, pas un ennemi qui ne déposât les armes et ne se rangeât de son parti pour posséder des charmes qu'elle prostituait, suivant les besoins de la politique aux grands de la haute Italie.

Malheureusement, la plus jolie femme du monde ne peut pas se donner à l'univers entier ; ceux qui furent dédaignés d'Hermengarde, qui n'eurent pas leur part de bonheur, formèrent contre son père un parti hostile dont le chef fut l'archevêque de Milan, Leuthbert.

Un épisode inouï donnera à nos lecteurs une idée de ce trafic de la beauté, de ce genre de prostitution appliquée à la politique. Hermengarde tenait à placer la couronne de l'Italie sur la tête de son frère utérin, le comte Hugues de Provence, en hostilité ouverte avec le roi Rodolf qui, venu en Italie à la tête d'une armée de Bourguignons, marcha de concert avec le parti de Leuthbert contre Hermengarde enfermée dans Pavie. La grande courtisane se contenta, pour toute machination de guerre, de faire savoir à Rodolf que s'il ne rétrogadait pas immédiatement, s'il ne renonçait à ses projets de conquête, elle appellerait dans son camp tous les princes qui l'entouraient, et, par sa baguette magique de Circé, transformerait en traîtres ses plus fidèles serviteurs.

Rodolf, sachant par expérience combien la beauté d'Hermengarde était irrésistible, fut tellement effrayé de ses menaces que, pendant la nuit, il passa le Tessin pour aller se jeter aux pieds de sa belle ennemie, dont il devint le prisonnier volontaire.

Indignés de sa défection, les partisans de Rodolf abandonnèrent un homme qui s'était abandonné lui-même à une femme; ils appelèrent le beau-frère d'Hermengarde, le comte Hugues de Provence, et le couronnèrent roi d'Italie.

Théodora et sa fille Marozia eurent la même puissance qu'Hermengarde; elles échangèrent leurs faveurs recherchées contre des châteaux, des forteresses, de hautes influences de premiers barons et d'évêques. Elles payaient comptant de leur beau corps, mais leurs amants devaient à leur tour subir l'ascendant de ces séduisantes esclaves d'un moment, qui se relevaient impérieuses, reines de la couche voluptueuse, en emportant un château, un corps de troupes, une élection ou un traité. Les chroniqueurs contemporains racontent leurs débordements d'une façon toute placide, presque sans réflexion, sans manifester ni indignation ni étonnement, comme une chose commune à beaucoup d'autres femmes, ce qui prouve que la passion, l'entraînement, la folie impétueuse des sens, la vigueur des penchants étaient universels et n'avaient pu encore être stérilisés, frappés de mort par l'ascétisme, par la morale de privation et de négation du christianisme. L'homme était debout devant Dieu et devant le roi.

La haine et l'amour avec toutes leurs puissances, que ne tempérait aucune réflexion, que ne refroidissait aucune raison dans ces organisations vigoureuses et abruptes, se traduisaient en fureurs : l'une, frappant par le fer et le feu, employait tous les moyens de destruction ; l'autre se manifestant par le viol, l'enlèvement, la coercition. La chair se débridait, criant sous le couteau ou sous l'étreinte sauvage avant de se macérer et de se discipliner pendant sept siècles au fond des cloîtres. La débauche et la prostitution étaient, à cette époque, pour les habitants de l'Italie, une conséquence forcée de l'état social, une suite naturelle de la conquête et de l'invasion, qui refoulaient au fond de la nature humaine tous les sentiments tendres pour ne laisser apparaître que la férocité et la dépravation qu'elles contiennent. Les évêques, les clercs étaient les premiers à donner l'exemple de la licence la plus effrénée; bien mieux, ils protégeaient publiquement l'adultère et la prostitution, ainsi que l'attestent les actes des conciles, en leur fournissant un abri, moyennant redevances, dans l'église, dans l'enceinte consacrée; enfin la dissolution des mœurs était telle, aux neuvième et dixième siècles, que toutes les admirations allaient à des princesses comme Hermengarde qui gagnait des batailles en se laissant aimer par les chefs de l'armée ennemie, comme Théodora et Marozia qui savaient enchaîner par leurs artifices les grands du clergé et de la noblesse. Bien loin d'être flétries par leur conduite et par leurs débauches politiques, Hermengarde était la véritable reine d'Italie, et la dignité pontificale devait rester héréditaire dans la famille de Marozia!

Au nom de quel Dieu, au nom de quelle morale, d'ailleurs, aurait-on condamné ces héroïnes de l'amour politique, puisque, depuis la chute de l'empire romain d'Occident, détruit en 476 par le roi des Hérules, il n'y avait eu, en Italie, d'autre loi, d'autre morale que celle du plus fort: d'abord celle d'Odoacre, exterminateur de l'empereur romain Augustule; puis celle du grand roi goth Théodoric, exterminateur d'Odoacre; du roi lombard Alboin, vainqueur de Théodoric, enfin des Francs, vainqueurs des Lombards. Pendant ces quatre siècles d'anarchie, de destruction horrible, tout homme qui n'était pas armé de pied en cap, tout campagnard ou petit artisan des villes était pillé, réduit en servage ou exterminé ; toute femme était exposée à être violée ou séduite, suivant le goût du barbare ou l'agrément de la conquise. Les Italiennes qui, à l'exemple de leurs princesses, de leurs patriciennes, de leur Théodora et de leur Marozia, se donnèrent aux vainqueurs, tinrent donc une conduite fort politique, car elles les dominèrent, les absorbèrent, et de leurs flancs créateurs sortit une nouvelle race d'Italiens, plus énergiques que les Romains du Bas-Empire, qui ne tardèrent pas à mettre un frein au despotisme étranger, en constituant les petites cités républicaines du moyen âge.

Prodigieux enseignement que nous donne l'Italie, cette maîtresse d'école de toutes les nations! Au moment où croulent les grands empires, où s'affaissent tous les éléments de vie sociale, se relève l'homme! barbare, dur, sauvage impitoyable, il est vrai ; mais enfin il y avait longues années et longs siècles qu'on n'avait vu se dresser de toute sa stature une individualité fière. On pouvait trembler pour l'avenir du monde lorsque se brisaient avec fracas les liens de fer qui retenaient dans le même cercle, dans les mêmes lois, des collectivités puissantes comme celles de l'empire romain ; mais par une chimie sociale, dont le secret nous échappe, par une loi de nature supérieure aux législations, la liberté sauvage, indomptée, renversera le despotisme romain ; du Bas-Empire vont sortir le moyen âge et la renaissance ; les sauvages, que les flots incessants des immigrations heurtent et mêlent à la race romaine, enfantent un état politique bien supérieur à l'empire muet des Césars : d'abord la féodalité, puis les républiques et les communes du moyen âge ; sous l'incubation de l'idée de beauté, de l'art féminin, ces barbares incendiaires, meurtriers, iconoclastes, se civilisent, défendent ce qu'ils ont attaqué, acceptent docilement les chaînes de ces filles d'Ève qu'ils avaient violées, s'agenouillent en chevaliers devant les êtres faibles de la création, et subissent leur ascendant, comme s'ils eussent voulu donner un démenti éclatant à la force brutale dont ils avaient été un moment les héros.

IV

L'alliance des Romains et des Goths, qui s'étaient plus rapidement, plus facilement assimilés aux Italiens que les autres Barbares, avait enfanté la belle et énergique race des comtes de Tusculum, devenus si puissants à Rome lorsqu'elle eut quitté les plateaux de Frascati pour venir s'installer aux thermes Alexandrins. C'est avec leur aide que le parti de Marozia combattit l'influence étrangère, et c'est encore par eux que Rome échappa longtemps au despotisme des empereurs. Disons-le à la louange de Théodora et de Marozia, sans vouloir en rien pallier leurs crimes, elles devancèrent et lancèrent les comtes de Tusculum dans la voie du patriotisme; elles leur montrèrent le chemin de l'indépendance en armant les papes contre les Sarrasins, et les nobles contre l'oppression étrangère; elles formèrent le parti italien à la tête duquel elles se tinrent toute leur vie. L'Italie eut le bonheur insigne de voir les femmes de toutes les classes rester invinciblement attachées aux grands souvenirs de leur patrie; leur amour la recréa et la refit.

Des gravures du seizième siècle nous représentent une femme aux seins nus qui dépouille un guerrier ivre d'amour, de son casque, de ses brassards et de ses cuissards, de toute sa ferraille! C'est la parfaite image de la femme italienne devant les conquérants barbares; ivres d'amour dans les bras des Romaines, ils oublièrent les pays d'où ils étaient sortis, et ceux qui s'acclimatèrent en Italie, comme les Goths et les Lombards, devinrent *latins*. Il ne faudrait donc pas reprocher aux courtisanes dont nous allons narrer l'odyssée d'avoir mêlé l'amour à la politique, d'avoir mené de front les deux chevaux de cet attelage excentrique. Si les patriciennes du Bas-Empire les avaient imitées, au lieu de courir jusque dans leurs camps au-devant des ennemis de Rome, elles auraient certainement retardé la chute de leur patrie. Les courtisanes romaines du dixième siècle leur sont donc bien supérieures; au-dessus de leurs passions apparaît l'image pure de la patrie, dont le rayonnement éclaire leurs visages pâlis par la débauche et la méditation du crime.

La suprématie exercée par les femmes des neuvième et dixième siècles sur leurs contemporains ne s'explique que par des avantages physiques hors ligne, par une éblouissante et opulente beauté de formes, car les hommes de ce temps, indifférents aux côtés supérieurs de la nature féminine, ne recherchaient que les voluptés sensuelles, que les joies de la chair, comme la preuve en résulte des nombreux sacrifices à Vénus Callipyge, qu'Hermengarde, Théodora et Marozia durent faire à leurs amis et surtout à leurs ennemis.

« Les femmes du moyen âge nous sont peu connues, dit l'historien des *Républiques italiennes*, de Sismondi ; on trouve fréquemment dans les plus grands événements des traces de leur influence; mais il est difficile de démêler comme elles l'exerçaient. Aucun des beaux-arts ne venait jamais à leur secours ; on ne nous dit point que Marozia, pour captiver ses nombreux amants, les charmât par la danse, les enivrât par la musique, ou éveillât leur imagination sur tout ce qui frappe les yeux par aucun des arts du dessin. L'éloquence et la poésie n'existaient point dans un siècle barbare qui ne possédait aucune langue, et qui avait oublié le latin avant d'avoir assoupli et soumis à des règles l'idiome qui devait le remplacer. La rudesse des mœurs ne permettait point la coquetterie moderne, ou l'art que possèdent les femmes de faire tout espérer, de tout promettre sans rien accorder. Marozia captivait les hommes qu'elle voulait employer et qu'elle savait asservir *par un abandon plus entier.* »

Si amis et ennemis ont unaniment baissé pavillon devant ces grandes courtisanes, il faut supposer que la nature les avait douées de toutes les séductions possibles, car nous en sommes réduits aux suppositions. Il ne nous reste aucun portrait d'Hermengarde, de Théodora et de Marozia. En vain avons-nous fouillé les bibliothèques, les cabinets d'estampes et de médailles. Rien, rien! Ces beaux visages, ces beaux corps qui ont enivré des générations mortes, se sont évanouis pour toujours au sein de la nuit profonde des temps barbares. Lorsqu'au milieu de nos recherches, nous nous extasions devant les médailles, les intailles, les camées aux lignes pures de l'art grec et romain, nous songions avec tristesse au christianisme primitif qui a arrêté les progrès des arts plastiques si nécessaires à l'histoire, qui a enfanté la secte maudite des iconoclastes, destructeurs d'images, car l'iconographie éclipsée pendant huit siècles ne reparut que vers l'an 1400. Donc, nous n'avons d'autres portraits des Circés du moyen âge que des épreuves morales; nous ne pouvons les juger que par leurs actions, par les impressions extraordinaires produites sur tous ceux qui les approchèrent.

M. Mary Lafon, dans *Rome ancienne et moderne*, peint Théodora et sa fille Marozia « comme un de ces admirables types de l'aristocratie romaine qui par la pureté des traits, l'élégante noblesse des formes et la richesse sensuelle de l'organisme, donnaient l'idée de la beauté antique telle que l'ont fièrement modelée les artistes des Césars. Qu'on se figure cette femme, la plus belle de son siècle, trônant dans les salles splendides encore avec leurs murs incrustés de marbre et leur parquet en mosaïque des thermes Alexandrins, ou traversant, comme la Flore du Capitole, le bosquet des Platanes. Les chefs des factieux qui déchiraient Rome et l'Église tombèrent à ses pieds ; elle en profita pour les désarmer tous. Théodora et Marozia, sa fille et sa seule rivale, furent pour la ville et l'Église deux anges non de chasteté, mais de paix. Grâce à leur influence, la concorde s'établit entre des hommes qui ne semblaient, comme les enfants de Cadmus, nés que pour se détruire ; elles étouffèrent les haines atroces qui ensanglantaient et souillaient tour à tour le palais pontifical. »

La description est sans doute jolie, mais nous eussions préféré un portrait, même une simple médaille. M. Mary Lafon cède trop à son enthousiasme et ferme complétement le livre de l'histoire quand il qualifie d'*anges de paix et de concorde* Théodora et Marozia. S'il les eût appelées anges de discorde ou démons de l'amour, il eût été plus dans le vrai, car ce sont précisément ces deux femmes qui ensanglantèrent et souillèrent tour à tour le trône pontifical.

V

Lorsque la patricienne Théodora entra en scène en 878, l'Italie était retombée dans l'anarchie la plus complète d'une sanglante féodalité en échappant au despotisme de Charlemagne, dont les successeurs n'avaient pu tenir la lourde épée, ni retenir les conquêtes, comme elle avait échappé au despotisme des empereurs romains pour être hachée et morcelée par les barbares ; c'était la seconde fois que l'Italie voyait échouer ce système de vaste empire consistant à accoupler les peuples les plus divers, à les couler dans le même moule, à les courber sous la volonté d'un seul maître, à les comprendre dans une unité violente et factice. César et Charlemagne étaient tombés, leurs gigantesques rêves s'étaient dissipés; leur politique odieuse était condamnée par les événements. Mais les peuples, tenus longtemps dans une main de fer, ne savaient plus s'orienter quand on les abandonna à eux-mêmes : tels des prisonniers que l'air vif de la liberté enivre ou stupéfie. A la fin du neuvième siècle, il n'y a plus de liens sociaux, plus de droits et de devoirs, plus de direction politique; quant à la direction religieuse, elle n'existe pas encore; l'influence toute féodale du pape ne dépasse guère Rome; chacun se fait sa foi, sa loi, sa morale, sa règle de conduite, sa justice.

L'homme féodal, que n'avaient pu encore façonner, ni courber la religion et la royauté, regarde Dieu et le roi en face, traitant d'égal à égal avec eux.

Rien qui n'appartienne au plus fort : la cité, le château, l'abbaye, le siége épiscopal, et même le siége de Saint-Pierre. L'Italie est une forêt où des hommes, sauvages comme les bêtes dont les peaux les couvrent, se déchirent, s'entre-tuent dans la nuit épaisse.

On se bat de province à province, de ville à ville, de castel à castel; autant d'évêques et de seigneurs, autant de souverains; la montagne descend sur la plaine pour y porter le fer et le feu; la plaine se soulève contre la montagne, la cerne et l'affame. Qui ne meurt pas par le glaive est presque assuré de mourir de faim. Il règne de telles famines que les routes et les champs se couvrent de cadavres, qu'on trouve des affamés expirant la bouche pleine d'herbes sauvages; des bouchers vendent publiquement à leur étal la chair humaine; on renonce à garder les cimetières; les morts sont déterrés et dévorés par les vivants ! Il est impossible d'atteindre les meurtriers, les criminels qui se réfugient sur les territoires immunitaires du clergé et de la noblesse.

La chose la plus sainte du monde, la justice, seul titre de supériorité de l'humanité, est dévolue à des territoires privilégiés appelés *immunitaires*, à des églises, à des monastères, à des fiefs, à des châteaux, à des juridictions d'évêques et de seigneurs; on achète le droit de tuer, de violer, de se prostituer; dans les cas solennels, c'est l'épreuve par l'eau et le feu, par le combat judiciaire, c'est le *jugement de Dieu*, qui fait l'innocent et le coupable. Le triomphe de la force sanctionne le droit, la vertu, la conquête; aussi le petit bourgeois et le campagnard, tous les vassaux désarmés de la féodalité armée de pied en cap, sont-ils perpétuellement broyés entre les deux engrenages de la noblesse et du clergé. Leur vie, sans cesse guettée, menacée par le meurtre tout-puissant, est une malédiction et un enfer.

La guerre est à l'orient et à l'occident du monde, entre tous les intérêts, entre toutes les classes, entre tous les peuples. Guerre et carnage au nord, où Danois, Saxons, Scandinaves teignent de leur sang les mers, les continents et les îles; guerre à l'Est, où la France divisée par les fils de Charlemagne doit encore repousser les incursions des terribles Normands; en Allemagne, où la féodalité sauvage se débat contre les païens slaves et roxolans, contre les Hongrois, ou Ogres, la terreur de leurs voisins. Guerre au Sud, contre les Sarrasins mal écrasés par la masse d'armes de Charles Martel, et qui, maîtres de l'Espagne, tiennent les clefs de l'Italie, la Corse, la Sardaigne, la côte de Naples, celle de Provence, jusqu'aux défilés des Alpes. Toutes ces tribus, toutes ces hordes envahissent ou menacent tour à tour l'Italie, et sont repoussées avec peine par ses chefs divisés; invoquant tous pour justifier leurs prétentions une descendance problématique de Charlemagne. La pauvre Italie, ainsi menacée et envahie de divers côtés, est encore écartelée au Nord par Bérenger, duc de Frioul, et Leuthbert, duc de Spolète, qui règnent concurremment en prenant le titre de rois de la Péninsule.

Et pourtant si sanglante, si ténébreuse, si chaotique qu'elle fût, l'anarchie féodale des neuvième et dixième siècles, qualifiée par les historiens *d'âge de fer*, valait mieux que le despotisme dégradant des derniers empereurs romains; au point de vue politique, la comparaison établie entre le Bas-Empire et le moyen âge donne gain de cause au régime anarchique; au moins on respire; on n'est pas asphyxié par un manque d'air et de liberté; la loi imposée à tous par un seul est énervante, avilissante, honteuse à subir; au cinquième siècle, sous le dernier empereur Augustule, les Romains étaient politiquement asphyxiés, énervés, automatisés, frappés de paralysie intellectuelle et morale, tandis qu'au neuvième siècle chacun obéissait à sa volonté, aux lois, aux règles qui lui convenaient, en se retranchant, comme dans une forteresse inexpugnable, derrière son indépendance sauvage, sa force personnelle, sa valeur, son énergie. Un tel état politique d'anarchie individuelle bien supérieur à l'esclavage hiérarchisé de l'État, à la *servitude uniforme* d'une royauté asiatique ou d'un empire romain, devait nécessairement produire, à travers des désordres funestes et d'innombrables tragédies, des caractères trempés comme l'acier, des personnalités fières et fougueuses qui, en se groupant, constituèrent la féodalité militaire hostile au roi, la féodalité ecclésiastique hostile au pape, repoussant toujours le despotisme du *monarque*, ou lui arrachant une partie de son pouvoir; d'autres individualités à l'exemple des gens du château et de l'abbaye, mais obéissant à de meilleurs sentiments, à de plus solides conceptions de justice, formèrent les corporations de commerçants, d'ouvriers, même de campagnards, d'où sortirent tout armées en plein moyen âge les républiques italiennes.

VI

Au neuvième siècle, au milieu des déchirements de l'Italie, des invasions successives qui la broyaient sous les pieds des chevaux et sous les coups de la férocité soldatesque, quelques points, quelques villes, comme des oasis dans des océans de sables remués par le simoun, conservaient leur indépendance relative, leur autonomie, leurs magistrats et leurs citoyens, bref leur liberté comme État ; c'étaient de petites républiques, dont l'existence prospère devait montrer au monde la supériorité des institutions républicaines basées sur l'indépendance. D'abord les républiques grecques de l'Italie méridionale : Amalfi, Gaëte, Naples, puis Venise ayant pris avec Amalfi le sceptre du commerce du Levant ; enfin Rome, qui, respectée par les conquérants, par le Goth Théodoric, par le Lombard Alboin, avait encore reçu de Charlemagne des immunités dangereuses, car la papauté, en consentant en échange de donations à relever de la couronne impériale, lui ouvrait la porte de l'Italie. Mais à la fin du neuvième siècle, grâce à la faiblesse des successeurs de Charlemagne, Rome était en quelque sorte une ville libre au milieu de l'Italie esclave, Venise et les républiques grecques de la Campanie exceptées; elle avait conservé les formes du gouvernement républicain avec son consul et son sénat, avec son oligarchie turbulente de nobles et de prêtres, avec l'élection du chef de la chrétienté qui devait sortir du suffrage universel, c'est-à-dire des suffrages réunis du clergé et du peuple, mais qui, en réalité, sortait de l'action prépondérante des grands de la noblesse et du clergé!

Ces deux ordres toujours rivaux, ces deux féodalités ecclésiastique et militaire toujours hostiles, se heurtaient inévitablement à propos de l'élection papale; elles étaient de force égale après les donations de Pepin, de Charlemagne et de Louis le Débonnaire, qui avaient enrichi les prélats en les mettant en possession d'immenses domaines.

Toutes les visées des nombreuses factions tendaient à *faire ou à défaire le pape*.

La noblesse de Rome, les comtes de Tusculum en tête, représentait le parti national; ils voulaient un pape *romain*, inaccessible à la pression d'un roi de France ou d'un empereur d'Allemagne, pas même d'un roi d'Italie.

A cette époque l'élection d'un pape était donc la *grosse affaire;* c'était la clef de toute la politique, le pape cumulant les fonctions de chef religieux, chef politique et chef féodal de Rome.

« Les factions de la noblesse, dit l'historien Henri Léo, disposaient du siége de Saint-Pierre comme d'une compagnie de janissaires. »

Il y aurait à répondre que, de leur côté, les factions du clergé cherchaient à rendre la noblesse romaine vassale de ses évêques et des souverains étrangers; toujours est-il que chaque faction voulait avoir *son pape :* les chefs lombards, bourguignons, karolingiens, qui, après un combat heureux s'improvisaient sans façon rois d'Italie, les seigneurs romains qui exécraient ces rois d'un jour, ces restes de la féodalité française, enfin les souverains étrangers prenant pied en Italie en protégeant au détriment de la noblesse indigène un clergé corrompu.

VII

Pour ne pas être accusé d'exagérer les débordements de ces temps barbares, l'historien a besoin de s'appuyer sur les témoignages des défenseurs de l'infaillibilité du saint-siége, des dignitaires consciencieux de l'Église qu'on ne peut soupçonner de mauvaise foi, comme l'auteur des *Annales de l'Église*, le cardinal Baronius, à qui nous ferons cet emprunt sur le neuvième siècle, appelé par les historiens, le *siècle d'ignorance*, et sur le dixième siècle, *siècle de plomb et de fer*.

« Le neuvième siècle, a écrit Baronius, fut un temps de désolation pour l'Église. Jamais ni les divisions, ni les guerres civiles, ni les persécutions des païens, des hérétiques et des schismatiques, ne le firent tant souffrir que les monstres qui s'installèrent sur le trône de l'Église par la simonie et le meurtre. L'Église romaine était transformée en une courtisane éhontée, couverte de soie et de pierreries, qui se prostituait publiquement pour de l'or ; le palais de Latran était devenu une ignoble taverne où les ecclésiastiques de toutes les nations allaient disputer aux filles d'amour le prix de la débauche.

« Jamais les prêtres, et surtout les papes, ne commirent tant d'adultères, de viols, d'incestes, de vols et de meurtres ; et jamais l'ignorance du clergé ne fut aussi grande que pendant cette déplorable époque. »

En effet, pendant les neuvième et dixième siècles, le saint-siége fut constamment occupé par des papes dont l'élection était due aux brigues les plus remuantes, et en dernier lieu à celles de courtisanes, comme Théodora et Marozia. De 878 à 956, de Jean VIII à Jean XII, petit-fils de Marozia, *vingt-deux* papes montèrent dans la chaire de Saint-Pierre; la faction battue par l'élection vengeait sa défaite par la guerre à outrance, par la spoliation, par l'assassinat. Il n'y avait pas moins de compétition dans l'ordre purement politique, car dans l'espace de dix années, l'Italie eut trois rois et Rome quatre empereurs.

VIII

Au sein de cette corruption de l'Eglise et de cette impitoyable féodalité, la patricienne Théodora résolut de constituer son pouvoir en dominant les familles pontificales, et par elles les papes. La moitié de la besogne était déjà faite; sa naissance illustre, ses richesses, ses intrigues lui avaient assuré une véritable puissance à Rome; elle avait transformé en forteresses les tombeaux massifs des anciens Romains, où elle avait placé des nobles à qui elle avait donné les prémices de sa beauté. Assuré du concours des principales familles de Rome, elle chercha en Italie un seigneur assez audacieux pour emporter d'assaut le palais de Latran, et régner avec elle sur un pape à sa dévotion. Elle donna ce rôle au brillant marquis de Toscane, Adelbert le Riche. Cet Adelbert avait bien débuté. Le peuple toscan aimait en lui son désintéressement, sa bravoure, son équité, son humanité. Mais à l'exception de sa bravoure, ses autres qualités se fondirent, se volatilisèrent au feu dévorant de Théodora. Cette impérieuse maîtresse lui insuffla son ardente ambition et l'entraîna à s'armer contre Rome, au commencement de l'année 878, de concert avec le duc de Spolète.

Grâce aux influences que Théodora s'était ménagées à Rome, Adelbert put s'emparer de la ville éternelle sans lutte acharnée. Le jour même de sa facile victoire, il fit jeter Jean VIII avec les siens dans les cachots du môle d'Adrien, massif de pierres d'un diamètre de deux cent cinquante pieds, qu'on avait transformé en redoutable forteresse, et qui s'appelle aujourd'hui le fort Saint-Ange.

Les partisans de Jean VIII furent massacrés. Quant au pape il réussit à s'échapper de la forteresse, se réfugia en Gaule, et présida à Troyes, en août 878, un concile, dans lequel il excommunia tous les factieux de Rome, le marquis de Toscane en tête. Les troubles étant apaisés, Jean VIII, aidé par Carloman, de Bavière, remonta sur son siége, et l'amant de Théodora, Adelbert, se vit dépouillé de son fief, qu'il reprit quelques années après son excommunication, dont il fut relevé.

L'issue infructueuse de la première tentative n'avait pas découragé Théodora ; au contraire, l'événement la convainquit que la domination de Rome et de l'Italie devait revenir à la main assez forte pour tenir les deux anneaux de la chaîne féodale : la noblesse et la papauté. C'est vers ce but qu'elle dirigea de nouveau toutes ses forces. La débauche l'avait faite mère de deux filles qu'elle rendit à la débauche, en les dressant à son rôle de grande courtisane de l'Église. En effet, Marozia et Théodora, obéissant aux suggestions et aux leçons maternelles, prirent leurs amants parmi les prêtres et les nobles influents.

IX

Théodora la mère, d'une famille originaire de la Sabine, fut d'abord mariée à Constantin. Elle eut ensuite pour promaris connus Théophilacte, occupant la charge de nomenclateur près du siége papal, possédant des palais, d'immenses richesses à Rome ; Jean, archevêque de Ravenne, et Adelbert, le fastueux marquis de Toscane, à qui appartenait le château Saint-Ange, et dont elle eut ses deux filles, Marozia et Théodora II.

« De cette manière, dit le cardinal Baronius, elle put dominer Rome. En prostituant ses filles aux pontifes et aux nobles, elle déposa les pontifes légitimes et introduisit au siége papal les violents et les scélérats, les pseudo-papes comme Sergius. »

Théodora I, nièce de Formose, se mit à la tête de la faction qui soutenait ce pape contre celle de Sergius ; car les factions se disputaient avec d'autant plus d'acharnement l'élection du souverain pontife que le pape élu distribuait à ses parents et à sa faction les rentes, les bénéfices et les richesses immenses de l'Église.

Pendant que Théodora la mère avait pris pour amant Jean, archevêque de Ravenne, dont elle devait plus tard faire un pape, Théodora la fille vivait publiquement avec son frère Pierre, archevêque comme lui. Quant à Marozia, encore plus belle que Théodora, et qui devait se montrer encore plus débauchée et plus ambitieuse qu'elle, sa mère la prostitua à Sergius III, qui fut nommé pape, et dont la faction triompha momentanément de celle de Formose. Théodora se réconcilia avec Sergius âgé de soixante ans, en lui livrant sa fille qui en avait dix-huit !

Malheureusement la tiare ne devait pas seulement compter avec les grandes courtisanes, elle devait encore avoir l'agrément des conquérants; or, en 890, l'empire de Charlemagne s'étant complétement démembré, un audacieux bâtard, Arnoul de Carinthie, en avait ramassé un morceau; son épée victorieuse lui avait valu le titre d'empereur de Germanie.

Dès qu'Arnoul apprit que son protégé Formose, évêque du Pont, avait été battu dans l'élection par les amis et les créatures de Sergius, il fondit comme un épervier furieux sur l'Italie livrée à la guerre civile, dévastée par les Sarrasins, menacée par les Grecs, et rétablit Formose, qui fut pape jusqu'en 897. A la mort de ce pontife de création germanique, Sergius, tenu en échec par l'inimitié d'Arnoul, s'entendit avec Adelbert pour pousser au trône pontifical Étienne VI.

Sous ce honteux pontificat d'Étienne VI, Sergius et Marozia furent les vrais maîtres de Rome; aussi la licence fut-elle à l'ordre du jour, et les scandales furent-ils nombreux. — « Les églises, dit l'évêque Luitprand, l'éclaireur de cette histoire, ne servent plus à la prière; on y joue des farces allégoriques (symbola); on y chante des airs licencieux; elles deviennent des lieux d'orgie et de prostitution. »

Étienne VI avait donné le branle à la licence en

rejetant pour son compte toute retenue, tout sentiment de pudeur; il avait poussé l'oubli de la dignité humaine jusqu'à faire ouvrir la bière, fermée depuis huit mois, de son ancien concurrent et prédécesseur le pape Formose, dont le cadavre fut interrogé, jugé solennellement par un concile, insulté, dépecé et ignominieusement jeté dans le Tibre.

Cet acte de démence perdit Étienne VI; les Romains révoltés l'emprisonnèrent et l'étranglèrent. Le pape Romain, qui succéda à Étienne VI et qui passait pour être un des fils de Théodora I, ne valut pas mieux que lui; car, durant les six mois qu'il gouverna le monde catholique, il souilla la papauté par la fourberie, la simonie et le parjure.

Arnoul contenait la faction de Sergius et de Marozia, couvant toujours des yeux la tiare et n'osant encourir la colère du Germain avec le seul concours de l'amant de la mère de Marozia, du vieil Adelbert, marquis de Toscane, qui lui-même était tenu en échec par Leuthbert, duc de Spolète. Dans le courant de l'année 908, Sergius et Marozia reçurent deux bonnes nouvelles qui leur rendirent leur liberté d'action : le meurtre de Leuthbert, assommé d'un coup de massue à la chasse par Hugues de Milan, et la fin de leur implacable ennemi Arnoul.

Dès que Sergius eut appris qu'à peine de retour

en Germanie, Arnoul était mort, certains historiens disent empoisonné, d'autres d'une maladie pédiculaire, il s'empara du château Saint-Ange (môle d'Adrien), où Marozia exerça despotiquement l'autorité royale. Le pape Christophe ayant été jeté dans un couvent, aucun obstacle ne s'opposait plus à ce que Sergius revêtît l'habit pontifical. En effet, Sergius III fut proclamé pape et exalté.

De 910 à 918, Marozia régna en souveraine du haut de la tour massive du château Saint-Ange, appuyée par l'amant de sa mère, Adelbert, par son pro-mari (qu'elle avait épousé en 906), le marquis Alberich de Camerino, comte de Tusculum, qui, avec le titre de consul, avait le premier rang parmi les nobles, et par son amant Sergius occupant, au grand scandale de la chrétienté, le trône de saint Pierre. Tout en vivant avec Sergius, Marozia avait eu l'habileté politique de rester en parfait accord avec Alberich. Les partisans de la faction Marozia eurent à satiété de l'argent et de la puissance, tandis que ceux qui l'avaient combattue se voyaient traqués comme des bêtes fauves, mis à mort ou jetés dans un *in-pace*.

A la mort de Sergius, l'influence politique de Marozia baissa; ce fut celle de sa mère et de sa sœur qui prévalut. Théodora était à son automne; ses charmes défraîchis ne troublaient plus les sens des nobles et des prélats ; aussi, comme toutes les femmes à leur déclin qui s'attachent obstinément à une dernière conquête, aimait-elle follement l'archevêque de Ravenne dont l'éloignement gênait sa passion ; elle réussit à le faire élire, et l'archevêque Jean devint le pape Jean, mais toujours passionné et Gros-Jean comme devant pour Théodora. L'amant en titre de Théodora la jeune, l'évêque Pierre, frère du pape, fut nommé son secrétaire particulier.

Malheureusement, les Sarrasins ne reconnaissaient pas plus le Christ que son vicaire. Pendant que l'oligarchie de quelques familles sénatoriales remplissait Rome de dissensions, pendant que les ambitieux s'emparaient tour à tour du château Saint-Ange pour faire et défaire les papes, les Sarrasins, postés en Provence, occupant la Corse, la Sardaigne et la Sicile, s'étaient avancés peu à peu au cœur de l'Italie. Profitant de la guerre civile, ils s'étaient emparés de la forte position du mont Gargano, cernant du côté du sud la Ville éternelle, qu'avec un peu d'audace ils pouvaient prendre. La situation devenant de jour en jour plus intolérable, il fallait en sortir. La chrétienté frémissait à la pensée que Rome pouvait devenir la proie des Sarrasins.

X

Théodora fut la première à exhorter son amant à marcher contre les Sarrasins. Jean X, d'un caractère résolu et brave, époux militaire de l'Église plutôt que son amant mystique, sentit le danger. Le moment était solennel. Les Italiens devaient prouver à leurs empereurs étrangers, toujours empressés de les servir et de les asservir, que leur épée suffisait contre les invasions. Avec le concours empressé, enthousiaste du *parti romain*, des comtes de Tusculum et de toute la noblesse, Jean revêtit courageusement la forte armure pour combattre les ennemis du Christ et de l'Italie. Conseillé par un chrétien d'Afrique, il avait organisé quelques compagnies d'hommes armés à la légère et bien commandés. Cette troupe d'habiles archers débusqua les Sarrasins; harcelés sans cesse et battus, ils eurent la honte de se renfermer dans leurs fortifications.

Le succès de ses armes valut au pape Jean X l'amitié de l'empereur grec, avec lequel il contracta une alliance.

A son retour à Rome, il eut à lutter contre les intrigues de Marozia et du marquis Alberich s'attribuant hautement la victoire sur les Sarrasins et reléguant le pape au second plan.

Jean X, amant de la mère et peut-être de la sœur de Marozia, avait toujours ressenti de l'antipathie pour celle-ci; plusieurs fois elle avait essayé sans succès de le plier à ses desseins personnels. Le pape, qui avait volontiers suivi la direction de la mère, avait toujours repoussé le despotisme de la fille aînée; de là une inimitié sourde croissant toujours en intensité et dont les éclats furent bientôt publics. Jean X, battu en brèche par le parti des nobles que Marozia et son mari guidaient, voulut les frapper de terreur; il exila Marozia et fit poignarder Alberich.

Hors d'elle-même, folle de rage en se voyant humiliée et exilée, le cœur débordant du désir de la vengeance, Marozia se rendit à la cour de son fidèle allié, le vieil Adelbert, qu'elle chercha à rendre solidaire de son outrage. Mais Adelbert, fatigué de servir des femmes qui ne lui avaient causé que des disgrâces ou de tristes aventures, refusa d'envahir de nouveau Rome. Marozia, n'étant jamais à bout de ressources, se rabattit sur le jeune fils d'Adelbert; malgré la maturité de son âge et de ses charmes, elle plut au jeune Guy, duc de Toscane, et son père eut la faiblesse insigne d'acquiescer à son union avec une femme dont la mère avait été longtemps sa maîtresse, et qui de ses nombreuses galanteries gardait encore deux enfants vivants : un fils d'Alberich et un fils de Sergius.

La vengeance de Marozia n'attendit pas longtemps. Adelbert mourut quelques mois après les noces de son fils; aussitôt Marozia se mit avec son mari à la tête des troupes toscanes qu'elle conduisit devant Rome. Un incident futile en apparence décida du triomphe de Marozia et du sort des Romains, tant les succès de la guerre tiennent à peu de chose. Un paisible lièvre, effrayé sans doute par le bruit des armes, s'était enfui du côté de la ville. A la vue de l'animal poltron, les assiégeants poussent des clameurs; les Romains, s'imaginant qu'on va les attaquer, tentent une sortie. Ils sont repoussés par les assaillants qui entrent à la suite des assiégés dans Rome.

Fidèle à sa tactique habituelle, l'intrépide Marozia s'empare du château Saint-Ange, d'où elle menace le pape cerné dans son palais de Latran, et entretient, par ses nombreux partisans, par les nobles, l'agitation dans la ville.

XI

Dans cette situation critique, Jean X cherchait des alliés hors de Rome. Dès qu'il apprit la marche triomphale de Hugues de Provence à Pavie, où il avait reçu la couronne de roi d'Italie, grâce aux efforts heureux de sa belle-sœur Hermengarde, comme nous l'avons déjà dit, il se rendit à Mantoue en demandant une entrevue au nouveau roi d'Italie. Le colloque entre le pape et Hugues se termina par une assurance mutuelle d'amitié et de protection armées; c'était à Marozia de trembler maintenant, car sa puissance se trouvait éclipsée devant cette alliance du roi d'Italie et du pape; d'un autre côté, elle redoutait la vengeance de Jean X. Alors, avec ce coup d'œil de la femme intelligente et ambitieuse, avec cette audace et cette résolution criminelle qui la rendaient si terrible à ses ennemis, elle forma le projet de se dégager immédiatement par le meurtre de Jean X. Au milieu de la nuit, les partisans de Marozia, armés jusqu'aux dents, obéissant en aveugles à ses ordres, se précipitent dans le palais de Latran, abattent son frère Pierre aux pieds du pape, qu'ils arrêtent et qu'ils plongent au fond d'un cachot du château Saint-Ange, où ils ne tardent pas à l'étouffer en lui pressant un oreiller sur la bouche.

« Jean X eut une fin digne de ses scélératesses, rapporte Baronius, car s'étant emparé du saint-siége à l'aide d'une femme impudique, il en fut chassé par une autre femme impudique. »

Pour le cardinal Baronius, Jean X est un pape adultère, illégitime, un pseudo-pape, un loup qui dévaste la bergerie, un voleur nocturne entrant par la fenêtre, un impie, un profane, un violateur de la chasteté de l'Église!

« La vérité a arraché ces aveux au cardinal Baronius, fait observer très-judicieusement Bianchi-Giovini, mais ils se retournent en les blessant contre les doctrines dont le cardinal se constitue l'apologiste. En effet, si le saint-siége a pu tant de fois être contaminé par des pontifes aussi dépravés, où est la sainteté de l'Église, où est l'infaillibilité du saint-siége papal, où est l'assistance de l'Esprit-Saint, où est la garantie que l'Église romaine n'a pas de taches et que ses enseignements ne contiennent pas d'erreurs? Donc la papauté est une institution humaine sujette aux péripéties du temps, aux vicissitudes de vertus et de vices qui exaltent et avilissent l'humanité. »

Il nous semble qu'il n'y a rien à reprendre à

cette critique de la papauté par l'historien italien, Bianchi-Giovini.

XII

Maîtresse unique et absolue de Rome, — car Théodora était probablement morte, du moins l'histoire ne la mentionne plus, — Marozia fit passer successivement la tiare sur la tête de deux de ses créatures : les papes Léon VI et Étienne VII. Enfin, après la mort d'Étienne VII, ne trouvant pas d'individualité assez docile pour son despotisme, elle n'imagina rien moins que de donner la tiare à l'enfant adultérin qu'elle avait eu de Sergius, à son propre fils qui fut exalté pape sous le nom de Jean XI, et que Baronius qualifie de *faux pape* et de *monstre !* Alors Marozia domina Rome sans opposition possible. Par ce pape sorti de ses flancs, élevé par sa volonté, elle avait la puissance spirituelle, l'influence morale, — singulière ironie qui la plaçait entre les mains d'une courtisane ! — et, ce qui était encore plus solide, plus certain dans ces temps féodaux où l'épée s'imposait à la croix, la puissance temporelle. Elle était inexpugnable dans son môle d'Adrien, la clef de Rome. A ce moment unique dans l'histoire, la haute Italie dominée par Hermengarde qui avait associé son fils Lother à la royauté de Hugues, et l'Italie centrale, courbée sous le sceptre de Marozia, étaient soumises à deux femmes sans pudeur, à deux grandes courtisanes.

L'ambition croît avec la satisfaction; il faut toujours monter à ce mât de cocagne si l'on ne veut glisser jusqu'au bas. Une grande conception s'empara du cerveau de Marozia : dominer de Rome toute la Péninsule, devenir la reine ou l'impératrice de l'Italie. Précisément Guido, marquis de Toscane, avait eu l'esprit de mourir à temps. Était-ce de mort naturelle ? l'histoire n'en dit pas mot, et nous ne voudrions pas charger la mémoire de Marozia de crimes imaginaires; elle en a bien assez de réels.

Veuve pour la seconde fois, Marozia résolut de devenir la femme du roi d'Italie, d'épouser Hugues dont l'alliance avec Jean X l'avait si fort effrayée, mais qui après la mort de son allié s'était tenu coi. Elle va le trouver en Lombardie, le séduit autant par sa beauté toujours rayonnante que par les perspectives qu'elle ouvre à son ambition, en lui montrant son pouvoir affermi, augmenté par la possession de la cité des papes, enfin elle l'enlève à l'influence rivale d'Hermengarde et ramène le taureau de Provence enchaîné à Rome.

Cependant ce mariage était un inceste ; car Hugues était frère utérin de Guido, le second mari de Marozia. Pour épouser sa belle-sœur, il avait fallu que Hugues affirmât impudemment et mensongèrement que sa mère, la femme du marquis de Toscane, n'avait jamais eu d'enfant de lui, que Guido et Lambert, ses frères, étaient des étrangers au lit maternel, substitués par son second mari. L'ingrat renia même sa sœur utérine Hermengarde, à laquelle il devait sa couronne.

Lambert succomba en cherchant à établir ses droits en vertu de l'épreuve du *jugement de Dieu ;* on lui creva les yeux, et il ne put voir les brillantes fêtes du mariage de Marozia avec son frère, qui se célébra à Rome en 932.

XIII

La domination du roi Hugues et de Marozia sur l'Italie paraissait devoir être de longue durée ; mais, à Rome, la roche Tarpéienne se trouve près du Capitole. La noblesse n'avait pas vu sans un secret dépit le triomphe du roi Hugues, de cet étranger qui avait importé de Provence des habitudes grossières, un caractère âpre, une humeur violente contrastant étrangement avec les mœurs raffinées et élégantes des seigneurs romains ; le parti des familles sénatoriales s'etait détaché peu à peu de la dominatrice Marozia, qui, croyant son pouvoir affermi à jamais par son dernier mariage, avait rejeté tout voile, tout ménagement comme toute pudeur, et régnait despotiquement sur le clergé, la noblesse et le peuple ; toutes les classes songeaient avec amertume à la grandeur, à la liberté des anciens Romains dans cette ville dont les souvenirs semblaient se lever sous leurs pas pour leur reprocher la décadence, l'avilissement de leur situation.

Une scène violente, que devait amener inévitablement tôt ou tard la nature emportée et insolente du roi Hugues, rompit la glace. A la fin d'un repas, le fils de Marozia et du marquis Alberich Camerino, portant le nom de son père et ayant hérité des sympathies de sa classe, le jeune Alberich présente d'une manière gauche à son beau-père une aiguière dont le contenu se répand sur ses vêtements. Hugues, en proie à une aveugle colère, soufflette le fils de Marozia, qui sort immédiatement du palais, animé d'une juste et éloquente indignation ; il appelle ses compatriotes à venger un Romain outragé par un barbare. Les nobles, saisissant au bond l'occasion de se débarrasser d'un despote assez insolent pour avoir osé frapper au visage un comte de Tusculum, secondent le courage du jeune Alberich; ils ferment les portes afin d'empêcher les troupes de Hugues de pénétrer dans la ville et haranguent le peuple réuni aux thermes Alexandrins.

Le roi Hugues s'était réfugié avec sa femme au môle d'Adrien. Marozia cherche à remonter son courage; elle l'engage à tenir tête à l'orage; mais Hugues, frappé de terreur en apprenant dans la nuit que le peuple marche sur le château Saint-Ange, attache une corde aux remparts, glisse jusqu'à terre, et fuit pour toujours cette terre si hostile à la tyrannie. Marozia, rejetée dans la situation la plus critique par la défaillance de Hugues, prend le parti d'ouvrir à son fils les portes du môle d'Adrien; essayant à la fois de tenter son ambition et de toucher les fibres du sentiment filial, elle l'exhorte à régner avec elle. Mais ses tendres paroles irritent Alberich qui, ayant le caractère et l'âme d'un citoyen romain, ne se reconnaissait pas le fils d'une femme prostituée à des rois et à des évêques. Repoussant sévèrement ses hypocrites caresses, aussi bien que ses propositions insidieuses, il lui signifie que son rôle de reine et de papesse étant fini, elle restera prisonnière avec son fils Jean XI au château Saint-Ange, dans cette même forteresse d'où elle avait opprimé Rome délivrée. Jamais femme ambitieuse ne fut plus hautement confondue, plus justement frappée. Marozia, maîtresse de pape, mère de pape, femme de roi, vit son ambition réduite aux quatre murs d'une étroite cellule : par une ironie du sort, recevant son châtiment de la main de son fils, elle expia jusqu'à sa mort au fond d'un monastère les crimes d'une existence tissue de débauches et de crimes. Douée de facultés puissantes, fertile en séductions, en finesses politiques, elle enchaîna à son char triomphal papes, rois et nobles; mais elle signa sa perte le jour où elle s'allia à un roi d'origine étrangère pour asservir le peuple romain.

Le jeune Alberich, devenu consul et sénateur, à la suite de la révolution victorieuse, plaça la liberté de la République romaine au-dessus des papes de l'Italie et des souverains de l'Europe. « Les Romains, dit Sismondi, secouèrent tout ensemble *le joug des femmes, celui des papes et celui des rois;* ils crurent avoir recouvré la liberté de l'ancienne Rome; ils répétèrent le nom de république parce qu'ils virent un consul à leur tête, car Alberich prenait indifféremment ce titre ou celui de patrice. »

XIV

Le consul-patrice Alberich laissa vivre paisiblement, dans son palais de Latran, son frère utérin Jean XI, qui, voué à une dévotion ascétique, se conforma docilement à ses volontés, de même qu'il s'était incliné devant celles de sa mère.

A sa mort, Alberich désigna lui-même son successeur au siége de Saint-Pierre, fermant ainsi la porte par laquelle entrait à Rome la tyrannie étrangère. Abandonner l'élection au gré des factions, c'était évidemment prêter le flanc aux intrigues coupables de la France, de l'Allemagne, des ducs et roitelets de la haute Italie et de l'Italie septentrionale, qui tous cherchaient à dominer Rome par l'élection d'un pape à leur dévotion. Alberich coupa le câble d'esclavage ; il plaça le pape au second rang, subordonnant avec raison les intérêts religieux aux intérêts politiques de Rome qui, sous sa direction, demeura libre et prospère pendant vingt-deux années, délivrée, comme le dit si éloquemment Sismondi, des rois, des papes et des courtisanes, des despotes de la tiare, de la couronne et de la débauche.

La petite République romaine avait un ennemi acharné dont la vengeance veillait chaque jour à Pavie; c'était le roi qu'elle avait chassé, Hugues, forcé de dévorer son affront, attendant avec impatience le grand jour des représailles. Rodolf de Bourgogne, enhardi par son expulsion de Rome, l'avait de nouveau attaqué en 934 pour lui disputer la couronne d'Italie; mais Hugues, grâce à l'entremise d'Hermengarde, sa sœur et excellente conseillère, avec laquelle il s'était réconcilié, désarma son ennemi par la concession de la Bourgogne méridionale. Libre de tout souci, le roi Hugues marcha sur Rome et, n'osant pas l'attaquer, il dévasta la campagne environnante. Alberich chercha à apaiser ce misérable pillard en épousant sa fille Alda. Son beau-père reprit bientôt ses dévastations; il signifia aux citoyens romains qu'elles ne cesseraient que lorsqu'ils lui ouvriraient leurs portes. Le consul Alberich, solidement retranché au château Saint-Ange, résista à toutes les machinations du roi Hugues, auquel il imposa l'humiliation d'une retraite définitive.

Alberich mourut en 954, sincèrement regretté des Romains, et avec raison, car son fils Octavius, son successeur, prêtre et comte de Tusculum, fut aussi misérable, aussi corrompu que son père avait été grand citoyen ; il se conduisit en digne petit-fils de la courtisane Marozia. A la mort d'Agapet II, Octavius se fit élire pape et devint Jean XII. Il déshonora par toutes sortes d'excès la première dignité ecclésiastique de la chrétienté. Il ne rêvait que chasses, chiens et chevaux ; il avait pour les chevaux l'admiration d'un Caligula ; aussi son écurie brillait-elle comme un palais, et ses chevaux étaient-ils nourris de pigeons, de noisettes, de pistaches, de raisins secs, de figues trempées dans un vin exquis. Un jour, au milieu d'un office, ses serviteurs viennent lui annoncer qu'une de ses cavales met bas ; il abandonne le saint office, assiste à la délivrance de sa jument, se réjouit hautement de la beauté du poulain, et revient à l'autel achever sa messe.

Cet immoral pontife s'affichait avec les dames galantes de Rome ; il avait transformé le palais de Latran en lupanar ; sa réputation était si bien faite que les femmes et les vierges, craignant d'être enlevées et violées, n'osaient plus se rendre en pèlerinage au tombeau de saint Pierre...

XV

Méprisé des Romains, menacé par les rois d'Italie, Jean XII eut l'infamie de détruire tous les fruits de la grande politique de son père en appelant à Rome le roi d'Allemagne Othon et en lui offrant le titre d'empereur. Il fut pris à son propre filet, car Othon, couronné empereur par le petit-fils de Marozia, lui adressa de sévères remontrances sur sa vie licencieuse. A peine eut-il tourné les talons, qu'Alberich, furieux d'avoir été ainsi chapitré, ouvre les portes de Rome au plus grand ennemi d'Othon, à Adalbert de Toscane. A cette nouvelle, Othon revient sur ses pas, entre à Rome par la porte Flaminienne que lui ouvre une faction ennemie de Jean XII, puis il réunit un concile général devant lequel le pape fut sommé de comparaître; mais Othon, avant de le tenir pour coupable, lui avait adressé cette curieuse lettre, rapportée par Luitprand :

« Arrivé à Rome pour le service de Dieu, quand nous avons interrogé vos fils, les Romains, les évêques, les cardinaux, les prêtres, les diacres et tout le peuple, et sur le motif qui vous empêchait de nous voir, nous, défenseur de l'Église et de vous-même, ils nous ont raconté de telles choses de vous, des choses si honteuses, que, si on les disait des histrions, encore les feraient-elles rougir ! Pour que tout ne demeure point caché à Votre Grandeur, nous en rapporterons brièvement quelques-unes : un jour ne nous suffirait pas à les exprimer toutes en détail. Sachez donc que vous êtes accusé, non point par un petit nombre, mais par tous, par des gens de votre ordre aussi bien que des séculiers, de vous être rendu coupable d'homicide, de sacrilége, d'inceste avec deux sœurs vos proches parentes. Ils ajoutent, ce qui est horrible à entendre, qu'à table vous avez bu à la santé du diable, qu'au jeu vous avez imploré le secours de Jupiter, de Vénus et des autres démons. Nous supplions donc, avec ferveur, votre paternité de venir et de ne pas tarder à vous purger de ces accusations. Et si vous craignez la violence d'une multitude téméraire, nous nous engageons par serment à ce que rien ne se fasse contre la règle des saints canons. Du 8 des ides de novembre 963. »

Jean XII n'avait pas seulement les vices de Marozia, il avait aussi hérité de son intrépidité en face du danger. Aidé des *Toscolani*, il barricade les ponts du Tibre, attaque la petite armée d'Othon, la tient si bien en échec que l'empereur allemand se retire de Rome. Le lendemain de son départ, Jean XII versa le sang à flots; il livra aux bourreaux les partisans de l'antipape Léon VIII heureusement évadé, et fit couper la langue et les doigts au cardinal coupable d'avoir rédigé la sentence du concile. Othon revenait à marches forcées sur Rome, lorsqu'il apprit que Jean XII, frappé à la tempe par un mari jaloux, après avoir été surpris la nuit en flagrant délit d'intimité avec sa femme, avait expié ses forfaits. Othon n'en châtia pas moins cruellement les révoltés.

Tous les descendants de Théodora et de Marozia ne furent pas aussi scélérats qu'Octavius et ne renièrent pas, comme Benoît VII, neveu ou petit-fils du grand consul Alberich, sacré en 975, en qui Othon trouva un constant appui contre la liberté romaine, l'excellente tradition de cette famille patricienne qui consistait à faire prévaloir l'élément indigène en se réservant la nomination des papes, ou en s'opposant à ce que cette élection fût influencée par l'ennemi du dehors. Un fils de Théodora et de Jean X, Crescentius, avait habilement dissimulé son origine et ses projets pendant l'invasion d'Othon Ier; il s'était fait statue; cependant son sang bouillait comme celui des vrais Romains qui songeaient toujours aux libertés de leur antique patrie et voyaient un intrus de Saxe, un tyran tudesque, présider aux destinées politiques et religieuses de Rome.

A la première nouvelle de la mort d'Othon, il sort comme un spectre du château Saint-Ange, proclame son droit au titre de comte de Tusculum, parle à la foule de délivrance et de liberté ! Il est entouré par la noblesse, par le peuple qui le suit jusqu'au palais de Latran. Là, il saisit le cruel pape Benoît VI, créature d'Othon, et le pend. Son principal complice dans ce mouvement populaire, le cardinal Boniface, que les chroniqueurs appellent par antiphrase *Maliface*, occupa un mois la chaire pontificale, puis il se vit remplacé par un parent de Crescentius, le frère de Marozia, qui fut Jean XIV. Quelque temps après, le voleur Boniface, car il avait emporté le trésor de l'église de Saint-Pierre, rentra inopinément à Rome, arrêta lui-même Jean XIV, le fit mourir de faim dans un des cachots du môle d'Adrien, et prit son siége qu'il occcupa quatre mois. Un homme du peuple le poignarda. Boniface VII était si exécré que son cadavre fut jeté aux chiens, près de la statue de Marc-Aurèle.

Le nouveau pape, Jean XV, ayant refusé de reconnaître les prérogatives du peuple, le consul Crescentius, défenseur ardent des libertés de Rome, l'exila ; cependant Jean XV vint à résipiscence, jura de ne pas tendre la main à Othon III, et fut réintégré par Crescentius. Ce pape hypocrite mourut quelques jours après avoir envoyé une ambassade secrète à l'empereur d'Allemagne. Othon, appuyé par les comtes de Tusculum qu'il avait gagnés à sa cause, marcha sur Rome; il fit sacrer pape un seigneur allemand, Bruno, son cousin, sous le nom de Grégoire V. Bruno plaça la couronne impériale sur la tête d'Othon qui, satisfait de son pape, se retira en Saxe, non sans avoir menacé de sa colère le fier Crescentius. Mais le consul n'était intimidé ni par le despotisme des empereurs, ni par la colère des papes. La lutte s'engagea immédiatement entre lui et Grégoire V, enorgueilli de la protection d'Othon et affichant hautement la prétention de se placer au-dessus des lois et des prérogatives municipales. Pour toute réponse, le consul le chassa de Rome comme un pénitent, en lui faisant revêtir des habits de pèlerin ; un annaliste dit qu'on l'expulsa *tout nu;* après quoi Crescentius le déposa comme étant sorti d'une élection faussée par la violence et lui donna pour successeur Jean XVI.

XVI

Ce pape était un Grec nommé Philagathus, qui avait accompagné en Occident l'impératrice Théophanie, femme d'Othon II. Crescentius s'était entendu avec lui pour rattacher Rome à l'empire d'Orient, qui, respectant les libertés des républiques italiennes, les laissait vivre en paix sous sa protection ; par la réalisation de cette conception politique, il délivrait à la fois Rome de l'oppression des monarques allemands et des intrigues des papes, dont l'ambition consistait à régner sur l'Italie par la protection d'une armée étrangère. Malheureusement Othon II, outré de la chute de son cousin-pape, fondit sur Rome, à la tête de son armée, avant que le projet du consul de Rome eût pu être mis à exécution. Jean XVI, tombé au pouvoir de la soldatesque d'Othon, fut martyrisé avec une cruauté sans exemple : on le mutila, on lui arracha les yeux, on lui coupa le nez et la langue ; puis, il fut placé à rebours sur un âne, dont il tenait la queue, et promené ainsi au milieu des huées de ses bourreaux. Crescentius, plus heureux, s'était réfugié derrière les remparts du môle d'Adrien, appelé après sa mort, *Tour de Crescentius*. Au mois d'avril 988, l'assaut fut donné à la tour, mais vainement; toutes les attaques échouèrent devant l'énergique défense du consul; alors le tigre se couvrit de la peau du renard. L'empereur Othon offrit à Crescentius une entrevue, en s'engageant, sur sa *parole royale*, à lui laisser la vie sauve, et à respecter à l'avenir les droits de ses concitoyens. Crescentius, se fiant à la parole royale, sortit de la forteresse; les soldats d'Othon s'emparèrent de lui et le pendirent aux murs du château Saint-Ange.

La pendaison du consul fut le signal de nombreuses hécatombes de citoyens romains. Couvert de sang et de crimes, le pieux empereur Othon se rendit en pèlerinage au mont Gargano, mais il revint malade à Rome, où un silence glacial l'accueillit.

Stéfania, la veuve de Crescentius, qui avait subi les derniers outrages des soldats d'Othon ou d'Othon lui-même qui aurait voulu en faire sa concubine, attendait dans l'ombre, en contenant son indignation, le moment où elle pourrait frapper le meurtrier de son mari. Elle avait l'âme et la beauté d'une Romaine, concentrant toute sa vie dans une pensée de vengeance, sacrifiant fierté et répugnance à son but; elle captiva si bien Othon, qu'elle devint sa maîtresse favorite et qu'elle le convainquit de son habileté en médecine, attestée, disait-elle, par de nombreuses guérisons; elle parvint enfin à le persuader que ses remèdes auraient raison de sa maladie persistante.

Détestant les Romains perpétuellement en révolte contre son autorité autant qu'il en était détesté, l'Empereur s'était retiré, vers l'an 1001, à Paterno, près de Citta-Castellana, suivi de Stefania, dont la passion pour son royal amant scandalisait tous les amis de Crescentius. Mais, dans le courant de l'année 1002, ils apprirent avec étonnement que la veuve de Crescentius avait fait justice de leur tyran, en lui présentant une boisson préparée, ou plutôt, selon Landolphe l'Ancien, en lui donnant un lent poison et en l'enveloppant d'une peau de cerf empoisonnée, « non moins venimeuse que la robe du centaure Nessus. »

XVII

La mort d'Othon III n'avait pas assouvi les ressentiments de Stefania. Elle revint à Rome pour empoisonner Silvestre II, créature de l'empereur allemand : étrange pape, venu de France, que le luxe et les inventions industrielles passionnaient ; qui fabriqua des horloges, des abaques, des instruments pour observer les étoiles, des têtes de bronze animées répondant aux questions posées, et que les moines ignorants de ce temps accusèrent de magie, d'intimité avec le diable !

Stefania, l'énergique Romaine, releva de leur abattement ses compatriotes. Le parti de la liberté, ayant à sa tête deux Crescentius, le fils et le frère du consul victime de la perfidie d'Othon, triompha en 1010, après une lutte héroïque contre les empereurs et les papes, dont les détails sont perdus dans les ténèbres de l'histoire de ce temps. Jean, le fils de Crescentius, nommé patrice, réorganisa la République, rendit à la noblesse ses consuls, au peuple ses assemblées. Rome jouit de cette liberté républicaine jusqu'au couronnement dans ses murs de l'empereur Henri II, en 1013. Les chefs du parti républicain, les *Censi*, ne purent longtemps tenir tête aux papes et aux empereurs. Le premier Crescentius avait eu trop raison de vouloir détacher la République romaine de la double influence du pape et de l'empereur, de l'arracher à la protection tyrannique de l'empire d'Occident, en la rattachant à l'empire d'Orient, dont l'éloignement et la faiblesse n'auraient jamais menacé ses libertés, ni influencé l'élection de ses papes. Mais, victime des empereurs comme les Othon, comme les Henri d'Allemagne, qui intervinrent chez elle, et la dominèrent par l'élection pontificale, et des papes comme Grégoire VII, qui l'exposaient à l'invasion, à l'occupation par leurs prétentions inouies sur les couronnes, la République romaine devait inévitablement périr étouffée dans ces entrelacements de vipères, en dépit des efforts héroïques de ses grands citoyens, de ses Crescentius, dont la politique tendait à subordonner l'élection des papes aux intérêts politiques de leur ville, à formuler la protestation énergique de l'*indigénat italien* contre l'immixtion et l'occupation étrangères.

La descendance des Alberich et des Marozia donna encore à l'Église trois papes, qui rendirent la dignité pontificale héréditaire dans leur famille par la simonie, par l'achat des suffrages populaires : Benoît VIII, élu en 1012; Jean XIX son frère, sacré en 1024, et Benoît IX leur neveu, exalté en 1033.

A peine pubère quand il fut sacré, Benoît IX souilla le saint-siège par les vols, les massacres et la débauche. « J'ai horreur de répéter, écrivait son successeur, le pape Victor III, quelle fut la vie de Benoît, lorsqu'il eut été consacré; combien elle fut honteuse, corrompue et exécrable. Après que Benoît IX eut, pendant assez longtemps, tourmenté le peuple romain par ses rapines, ses meurtres et ses abominations, les citoyens ne pouvant supporter sa scélératesse, se rassemblèrent, et le chassèrent de la ville aussi bien que du siège pontifical. »

Restons sur ce jugement d'un pape honnête homme, prononçant l'oraison funèbre du dernier rejeton de Théodora et de Marozia, de cette étrange famille de courtisanes qui imposa tant de papes dissolus à l'Église, et dont la faction, dit Bianchi-Giovini, disposa pendant cent cinquante ans des destinées papales.

DEUXIÈME PARTIE

LA FILLE DE PIERRE

(LA GRANDE DÉVOTE)

ET GRÉGOIRE VII

LA FILLE DE PIERRE

(LA GRANDE DÉVOTE)

ET GRÉGOIRE VII

I

Après avoir vu des courtisanes romaines corriger leur scandaleuse et indigne conduite par une grande pensée d'émancipation nationale consistant à subordonner la papauté à l'autonomie et à l'indépendance de l'Italie, nous allons assister à l'effort d'une Bradamante chrétienne, d'une Madone armée de pied en cap qui, fascinée par le génie du moine Hildebrand, s'est dévouée aux intérêts temporels du saint-siége et lui a assuré cette puissance politique que, pour le malheur de l'Italie, il rêvait depuis longtemps.

Les courtisanes impudiques de l'Église avaient une personnalité vigoureuse; leur ambition profitait, jusqu'à un certain point, à l'indépendance nationale, tandis que la comtesse Mathilde de Toscane, malgré ses puissantes facultés, apparaît comme un reflet de la papauté, comme une grande ombre effacée derrière la chaire de Saint-Pierre. C'est la courtisane ascétique et servile de l'Église.

Ce n'est pas la *grande Italienne* qu'il aurait fallu l'appeler, mais la *grande dévote;* elle est, en effet, l'aïeule-née de toutes les femmes courbées jusqu'à terre devant l'Église, ayant renoncé à toute indépendance morale, à toute spontanéité, à toute individualité pour se faire accepter de l'ombrageuse et despotique autorité catholique. La comtesse Mathilde y fut si bien inféodée qu'elle ne combattit et ne vécut que pour les papes et la papauté, oubliant ou méconnaissant les vrais intérêts de l'Italie, absolument contraires à la domination temporelle et spirituelle du saint-siége.

Le moine Hildebrand créa cette âme de dévote et l'enflamma d'un céleste amour, d'une ardeur toute chrétienne.

Des historiens ont mis en doute les mœurs de la comtesse; ils ont prétendu que son dévouement pour Grégoire VII n'avait pas été exempt de passion charnelle; ils ont même affirmé qu'elle avait été sa maîtresse. Quand Mathilde de Toscane eut des relations suivies avec Hildebrand, il était âgé de soixante ans; ce pape, qui avait fait une révolution au sein d'un clergé dissolu, en instituant le célibat, aurait-il bénévolement donné l'exemple de la débauche? Son caractère, aussi bien que celui de la comtesse, repousse cette hypothèse.

En tout cas, si le pape et la souveraine de Toscane ne succombèrent pas aux tentations de la chair, ils firent tous deux un rêve irréalisable : la domination de la papauté sur toutes les nations et sur tous les princes du globe. A ce songe-creux, à cette extase religieuse, à cette impossibilité morale et matérielle, Hildebrand sacrifia sa vie, Mathilde ses États. Mais leur idéal de théocratie et de domination temporelle devait subsister après eux et provoquer de longues, de sanglantes luttes.

II

Les historiens de la papauté qui ont accusé la comtesse de concubinat avec Hildebrand ne l'ont jamais connue en chair et en os ou n'ont pas vu son portrait, car ils eussent hésité à formuler leur accusation.

Ce portrait en pied, exécuté par la princesse Mathilde d'après une miniature du manuscrit de Domnizo, figure un corps long et grêle que l'amour et la grâce ne semblent jamais avoir visités; la physionomie de la comtesse respire le courage, la résolution; elle semble avoir les yeux fixés sur un christ, sur une pensée religieuse; relevant d'une main sa chlamyde et de l'autre un lis, elle est assise sur un coussin vert. Elle porte une couronne de fer, de forme conique, ornée de perles et de pierreries; le voile est blanc, la robe bleue; sous des manches larges et bordées d'or apparaissent des manches rouges. Le manteau est rouge, avec une large bordure d'or semée de pierreries; les chaussures sont de drap d'or.

« Grégoire VII, dit l'apologiste exalté de la *grande Italienne*, M. Amédée Renée, trouva dans Mathilde les trésors d'affection qui réparent les fatigues du génie, une de ces belles amitiés de femme où l'âme de ces grands lutteurs aime à se reposer un instant. »

Ces lignes contiennent-elles la vérité sur les relations de Mathilde et d'Hildebrand? Furent-ils unis par un amour platonique, mystique, ou par un amour de concupiscence? Le doute est permis. M. Petruccelli della Gatina (*Hist. dipl. des Con-*

claves) dit que Grégoire VII eut le délire de la monarchie universelle, mais que rien de tendre n'adoucit sa nature : « La comtesse Mathilde elle-même fut pour lui une insomnie stérile d'intérêt, qu'il exploita, mais n'aima point, qu'il éblouit et dupa comme dévote, ne chérit pas comme femme. »

Dans ses missions, Hildebrand avait connu de bonne heure la future souveraine de la Toscane et l'avait échauffée d'un beau zèle pour l'Église.

D'ailleurs, le dévouement à la papauté était pour Mathilde une tradition, une reconnaissance de famille. Prisonnière de l'empereur d'Allemagne, Béatrix, sa mère, avait dû sa délivrance à l'entremise bienveillante, à l'intercession du pape Victor II.

Encore toute jeune (giovinetta), quoiqu'elle eût quinze ans à peine, Mathilde n'hésita pas à ceindre l'épée, à marcher aux côtés de son beau-père et de sa mère, au premier rang de l'armée de Toscane, lorsque les Normands menacèrent le saint-siége.

Mais elle fit à l'Église un sacrifice plus grand encore, celui de sa virginité, de ses sentiments les plus intimes. Le mari de Béatrix, le vaillant Godefroi de Lorraine, avant de prendre le commandement de l'armée, exigea que sa belle-fille s'engageât, la campagne terminée, à épouser son fils

Goffredo il Gobbo (Godefroi le Bossu), l'héritier de Lorraine.

Malgré sa répugnance instinctive pour le mariage, dont la tranquillité de ses sens ne lui inspirait aucunement le désir et dont son idéal chrétien la détournait, la jeune Mathilde accepta cette dure condition; elle sacrifia ses répugnances sur l'autel de l'Église. Mais avant d'être épouse, elle devait être héroïne.

III

Mathilde donna les premières preuves de sa *virilité chrétienne*, selon l'expression pittoresque d'un chroniqueur du temps, en repoussant le Normand Guiscard, le chef de ces aventuriers que le saint-siége avait décidé à combattre en Campanie et vis-à-vis desquels il s'était engagé à leur donner l'investiture de cette province. Mais le pape, réfléchissant un peu plus tard au danger d'installer en Italie ces dangereux conquérants, avait manqué de parole aux Normands, qui, sans plus de façon, marchèrent sur Rome pour la mettre à sac. L'armée de Godefroi de Lorraine et de Mathilde sauva Alexandre II de ses redoutables amis. Les Normands se retirèrent, découragés et battus, à la suite de dix-sept jours d'engagements acharnés.

Après la victoire, la défaite; après la défaite, le mariage. Dans le courant de l'année 1068, Godefroi le Bossu vint à Lucques, où l'on célébra pompeusement l'union des héritiers de Toscane et de Lorraine. Quelques mois après ce mariage politique, les deux époux se séparaient. Il paraît que Mathilde aurait obstinément refusé à Godefroi le Bossu la consommation du mariage en lui opposant un vœu de virginité prononcé devant le saint-père. Godefroi trouva l'échappatoire de mauvais goût. Il voulut forcer la vertu de sa femme, et il en résulta une lutte fâcheuse entre les deux époux, dont les détails ne sont pas restés; certaines versions affirment que Mathilde obtint un divorce; d'autres, au contraire, prétendent qu'ayant traîtreusement attiré son mari au bord d'un lac, elle l'aurait assassiné. Ce qu'il y a de certain, c'est que Godefroi le Bossu, d'une nature chevaleresque, brave et emportée, prit en horreur les dévotes, la dévotion et l'Église. Il se retira à la cour de Lorraine. En haine de sa femme vierge et de la papauté, il embrassa chaudement le parti d'Henri IV contre Grégoire VII, que soutenait la comtesse.

On ne sait comment cet infortuné mari succomba, on croit qu'il fut assassiné à Anvers en 1076. Il mourut presque en même temps que la mère de

Mathilde, devenue ainsi souveraine et héritière du duché de Toscane, des comtes de Modène, Reggio, Mantoue, Ferrare et Crémone.

IV

La comtesse, délivrée de son mari, maîtresse absolue de ses actions, allait enfin pouvoir se dévouer corps et âme à son père *spirituel* Grégoire VII qui la comblait de joie en ne l'appelant jamais que la *fille de Pierre*.

Ce secours venait bien à propos au pape, car il avait engagé la lutte à la fois contre les clercs et contre les laïques, contre les débordements de l'Église et contre les prérogatives de la couronne.

Il avait d'abord fallu réformer les mœurs du clergé dont les relations du temps nous peignent les honteux désordres.

« Ces prêtres vaillants, ces évêques en cottes de mailles, dit M. Amédée Renée, portèrent les mœurs du siècle dans le sanctuaire. Ils y firent entrer leurs femmes, leurs concubines, et l'abus fut si général et parut si naturel que les fidèles n'avaient plus même l'idée d'un prêtre célibataire, et que dans beaucoup de paroisses on voulait une concubine au curé. Ces concubines s'élevèrent par degrés au rang d'épouses. Elles suivaient leurs maris à l'autel et prenaient publiquement le titre de *prêtresses*. »

Sa milice de moines et de clercs célibataires formée, Grégoire se donna tout entier à l'organisation de sa théocratie ; il ne songea plus qu'à établir la suprématie de la tiare sur la couronne, du pouvoir spirituel sur les puissances temporelles, de l'Église sur les empires. Un simple décret lui suffit pour constituer les royautés vassales de la cour de Rome. Il fit décréter par un concile qu'aucune fonction ni aucun bénéfice ecclésiastique ne devaient jamais être conférés par un laïque. En vertu de ce droit d'investiture, le pape reléguait les empereurs au second rang et prenait leur place ; il jetait l'anarchie au sein des États en tenant sous sa main ses clercs et ses évêques, qui ne faisaient plus partie intégrante d'un État ; en disposant de son clergé comme d'une armée toujours prête à frapper un souverain dont la soumission aux ordres du saint-siége n'aurait pas été absolue.

Henri IV sentit vivement ce coup de stylet de Grégoire VII. L'empire germanique, qui depuis deux siècles dominait la papauté, et par la papauté l'Italie, était frappé au cœur. Henri répondit au concile d'Hildebrand par un autre concile d'évêques allemands et lombards ; ils condamnèrent les prétentions papales et autorisèrent l'empereur à la résistance; Grégoire fulmina aussitôt ses excommunications contre Henri et ses soutiens. Mais la féodalité bardée de fer pliait difficilement devant les foudres et les *canons* de l'Église.

En même temps que l'Empereur résistait aux injonctions du saint-siége, le fils du préfet de Rome, Cencius, se rappelant l'héroïsme de ses ancêtres et poursuivant l'établissement de la République romaine, ourdit contre Grégoire VII une conspiration dans laquelle trempèrent des émissaires d'Henri IV, de Robert Guiscard et de l'évêque Guibert, et beaucoup d'autres excommuniés.

V

En ces beaux temps du moyen âge, on mettait hors la société des fidèles et on appelait *excommuniés* les partisans de la liberté politique et les ennemis du despotisme papal, comme on appelle aujourd'hui *révolutionnaires* les partisans des droits politiques. Sans doute, cette coalition renfermait un certain nombre d'éléments impurs. Guiscard et ses Normands, lésés par le saint-siége, ne rêvaient que vengeances, conquêtes et richesses. Henri IV lui-même, tout en défendant avec raison sa couronne contre les empiétements de l'Église, ne renonçait nullement à son inique domination sur l'Italie. Mais Cencius, le républicain excommunié, avait formé de toutes ces oppositions, de toutes ces révoltes, un faisceau qu'il croyait assez fort pour abaisser la papauté et pour lui permettre de reprendre la tradition des consuls républicains, des Cenci, des Alberich, dont les efforts constants avaient tendu à confiner les papes dans leur exercice spirituel, à annuler leur pouvoir politique au profit des libertés romaines.

Une veille de Noël de l'année 1075, Cencius rassembla tous ses conjurés et leur donna l'ordre d'enlever le pape qui devait célébrer la messe de minuit dans la basilique de Sainte-Marie-Majeure.

En effet, à la fin de l'office, et protégés par une pluie battante, les conjurés pénétrèrent en poussant des cris dans la basilique, enlevèrent Hildebrand de l'autel et l'emmenèrent dans la tour où Cencius s'était fortifié.

Bientôt on entendit sonner le beffroi appelant au Capitole le peuple et les partisans de Grégoire. Ils vinrent battre à flots pressés la tour de Cencius. L'attaque à peine commencée, les conjurés faiblirent et lâchèrent pied. Cencius, après avoir rendu la liberté au pape, dut lui-même battre en retraite avec sa courageuse femme, ses enfants et une poignée de braves restés fidèles à sa mauvaise fortune. Cet excommunié fit payer cher sa défaite aux moines, aux couvents, à tous les partisans de la papauté qu'il rencontra sur son passage. Il ne leur fit aucun quartier.

Grégoire VII mit la terreur sacrée à l'ordre du jour. Il anathématisa de nouveau les révoltés de Rome, ainsi qu'il appelait les républicains de Cencius, Guiscard et surtout l'empereur d'Allemagne. Il réunit à Rome un concile qui déclara Henri IV dépossédé de son trône et appela tous ses sujets à la rébellion; l'Empereur répliqua au Pape en le faisant déposer par des évêques allemands et lombards dans la diète tenue à Worms en 1076.

Voici la sentence de déposition de Grégoire VII telle que la donne Du Plessis-Mornay dans son *Mystère d'iniquités* :

« Hildebrand, qui se nomme Grégoire, est le premier qui, sans nostre consentement, contre la volonté de l'empereur romain établi de Dieu, contre la coutume des majeurs, contre les lois, par sa seule ambition, de longue main continuée, a envahy la papauté. Il veut faire tout ce qui lui vient en la teste, licite ou illicite qu'il soit. C'est un moine apostat qui abastardit la sainte théologie par nouvelle doctrine, accommode les saintes lettres par ses fausses et forcées interprétations à ses affaires, divise la concorde du collége, pesle mesle choses sacrées et profanes, pollue également l'un et l'autre, ouvre ses oreilles aux diables, aux mesdisances des méchants ; lui-mesme témoin, juge, accusateur et partie. Il sépare les maris des femmes, préfère les filles publiques aux femmes de bien, les paillardises, incestes, adultères aux chastes mariages ; mutine le peuple contre les prêtres, la populace contre les évêques, veut faire croire que nul n'est bien consacré que qui a mendié la prêtrise ou l'a acheptée de ses sangsues. Il trompe le vulgaire par une religion simulée, le fraude, le pipe ; en un cabinet de femmelettes traite les sacrés mystères de la religion, dissoud la loi de Dieu, entreprend la papauté et l'empire, criminel de lèse-majesté divine et humaine, qui veut oster la vie et l'Estat à un sacré Empereur, à un très bon prince ; pour ces causes, l'Empereur, les évêques, le sénat et le peuple chrétien le déclarent déposé et ne veulent plus laisser les brebis du Christ en la garde d'un tel loup. »

VI

Les feudataires de l'empire allemand, désireux d'augmenter leur puissance, profitèrent de ces troubles ; ils se révoltèrent contre Henri IV et s'assemblèrent à Tribur, près de Mayence, afin d'organiser leur résistance.

Abandonné de ses vassaux, devenu un objet d'horreur pour ses sujets, pour cette populace imbécile du moyen âge qui fuyait les excommuniés comme la peste, l'empereur dut capituler et accepter la plus terrible humiliation que jamais souverain ait subie. Il partit de Spire à pied, accompagné de l'impératrice et d'un serviteur. Ayant franchi les Alpes au milieu des plus grands dangers, il arriva à Canossa. Après avoir attendu trois jours à jeun, et couvert d'un cilice, le bon plaisir du saint-père, il s'écria plusieurs fois devant une assemblée au milieu de laquelle trônait sa cousine Mathilde : « Grâce, saint-père ! grâce pour moi, père miséricordieux ! Je te la demande du fond du cœur. »

C'était en janvier. Il faisait un froid rigoureux ; en voyant ce puissant empereur en larmes, grelottant et presque nu, Hildebrand daigna laisser tomber ces paroles : « Assez, assez ! » Il releva Henri IV de l'excommunication et l'admit à la communion.

Grégoire VII était satisfait ; il avait abaissé jusqu'à terre la puissance impériale sous la mule papale ; il avait publiquement délié le saint-siège de son antique obéissance aux Césars allemands et franco-carlovingiens ; le règne de la théocratie était inauguré, et tout pouvoir purement politique devait baisser pavillon devant l'autorité religieuse, devant la suprématie de l'Église concentrée dans la papauté dont l'Italie n'était que la vassale.

Mais précisément cette triomphale outrecuidance d'Hildebrand lui suscita beaucoup d'ennemis. Les nombreux excommuniés de ce temps, les héros de la féodalité militaire, ainsi que les clercs furieux de s'être vu enlever par l'institution du célibat ecclésiastique la jouissance de leurs femmes, entrèrent qui ouvertement, qui sourdement, dans le parti de l'Empereur.

Henri se retira la rage et la révolte au cœur. Hildebrand n'était pas un homme politique ; autrement il eût compris qu'on peut tuer ses ennemis, mais qu'il faut bien se garder de les humilier. Dès que l'Empereur eut gagné la frontière, il donna l'ordre à ses affidés de suivre le pape en tous lieux et de l'enlever.

La comtesse Mathilde déjoua heureusement cette trame ; elle entra avec Grégoire à Rome au milieu des acclamations qui saluèrent le pape-roi et la sainte fille de Pierre.

L'Allemagne et l'Italie furent dès lors partagées en deux camps ennemis peuplés d'adversaires implacables : celui du Pape et celui de l'Empereur. Pour soutenir la tyrannie politique de l'un et le despotisme religieux de l'autre, les peuples de la Germanie et de l'Italie devaient s'entr'égorger, sans trouver aucune issue à leurs débats, sans espoir de réconciliation ou d'entente possible, puisque le parti républicain de Rome, le seul qui eût assuré la paix et la liberté en dominant le pouvoir papal, éternel sujet d'inquiétude pour les souverains d'Europe, avait succombé dans sa dernière tentative révolutionnaire avec Cencius.

L'arène est donc ouverte, et nous allons voir les champions de la féodalité et de la papauté se porter de terribles coups dont le résultat le plus clair sera l'affaiblissement des nations allemandes et italiennes.

VII

D'une activité gigantesque pour exécuter son programme d'abaissement des souverains, Grégoire VII excommunia le roi de Bohême, Boleslas, et intima l'ordre impérieux aux rois d'Angleterre et de France de se montrer plus dociles vis-à-vis du saint-siége. Il avait envoyé à la diète d'Augsbourg des légats chargés de demander la déposition de Henri et de couronner empereur d'Allemagne Rodolphe, duc de Souabe, fils soumis de la papauté; tout se passa selon ses désirs. Rodolphe prit la couronne des mains des légats.

Non moins rapide dans sa vengeance que Grégoire VII et rendant coup pour coup, Henri IV avait suscité en Lombardie un synode provincial qui anathématisa le pape, après avoir solennellement reconnu comme souverain pontife Guibert, métropolitain de Ravenne, sous le nom de Clément III.

La guerre ainsi déclarée, les armées d'Henri et de Rodolphe se rencontrèrent en Saxe, à Mersebourg, sur les bords de l'Elster. L'Empereur donna les preuves de la plus grande vaillance; mais ses soldats battus allaient l'abandonner lorsque Godefroi de Bouillon renversa Rodolphe d'un coup de lance dont il mourut presque aussitôt en exprimant les regrets de sa félonie envers son souverain.

L'armée que l'Empereur avait envoyée en Italie sous le commandement de son fils avait été encore plus heureuse que celle de Saxe, car elle avait battu sans coup férir les soldats de Mathilde à Volta, près de Mantoue.

A la réception de cette bonne nouvelle, Henri s'empressa de rejoindre son fils et de marcher sur Rome, où Mathilde s'était enfermée avec son cher pape Hildebrand. Tous deux, le saint-père et la *sainte* fille, firent pendant deux années une défense vraiment héroïque, tenant en échec les troupes impériales et repoussant leurs assauts multipliés.

Au milieu de ces combats on pouvait voir l'antipape Guibert et le pape Grégoire VII se battant comme deux lions sous les murs de Rome. Cet épisode peint bien le moyen âge féodal et catholique.

Furieux de cette résistance inattendue, Henri porta la dévastation dans les États de Mathilde ; la comtesse dut sortir de Rome et venir défendre son bien. Mais elle avait laissé dans la Ville éternelle ses meilleures troupes.

L'Empereur ne pouvant forcer les portes de Rome ni celles des forteresses du haut desquelles les soldats de la comtesse le bravaient impunément, changea de tactique. Adoptant celle de Philippe de Macédoine, il chercha à s'entendre avec les principaux citoyens de Rome, fatigués des malheurs que le pape avait attirés sur leur ville. Henri leur fit passer de l'argent et des présents. Les Romains supplièrent Grégoire de rengaîner ses foudres et de pardonner à l'Empereur ; il resta inflexible. Enfin, quelques jours avant Pâques, des habitants ouvrirent la porte de Latran à Henri, qui entra à Rome avec l'antipape Guibert dont il reçut publiquement la couronne impériale, pendant que le vrai pape abandonné, renié, s'était retiré au château Saint-Ange, en compagnie d'un certain nombre de dévoués et de fidèles.

Grégoire VII en détresse appela à son secours

les Normands; c'était la perte de Rome. En effet, cette troupe de mercenaires parmi lesquels se trouvaient des Grecs, des Sarrasins toujours commandés par Robert Guiscard, ces étranges soutiens du saint-siège s'abattirent sur Rome comme des affamés sur une riche proie. A leur approche, Henri leva le siége. Rome fut faiblement défendue; les amis de la papauté mirent tout à feu et à sang.

« La ville entière fut mise à sac, dit l'auteur catholique Amédée Renée, les monuments anciens, les palais, les quartiers furent incendiés. La population eut à subir tous les outrages auxquels pouvaient s'attendre les villes prises d'assaut par les Barbares; les plus brutales passions furent assouvies jusqu'au sein des monastères, et une partie des habitants furent emmenés comme esclaves. »

Grégoire VII assistait du haut de la tour Saint-Ange à ces scènes de deuil et de massacre sans pouvoir ou sans vouloir les arrêter. Il sortit de la Ville éternelle, devenue une nécropole, comme au temps d'Alaric, en compagnie des Normands, ces sauvages défenseurs de l'Église. Sous la protection de leurs lances, il se rendit à Salerne; ses cardinaux et son clergé l'y suivirent.

Ainsi la splendide cité romaine dut à la papauté une ruine matérielle dont elle ne s'est jamais relevée.

VIII

Malgré la nouvelle des succès militaires que la courageuse fille de Pierre venait de remporter à Sorbara sur les Germains, Hildebrand fut envahi au fond de sa retraite de Salerne par une tristesse que ne put vaincre la donation au saint-siège de tous les États, de tous les biens de Mathilde. Le souvenir de Rome en cendres le poursuivait comme un remords. Après avoir rêvé l'humiliation de tous les souverains et le vasselage de tous les peuples devant la papauté, Grégoire VII se voyait réduit à être le pape des Normands qui le gardaient à vue, presque à l'état de prisonnier. Sans la fidélité d'une femme courageuse, sans l'inaltérable affection de la fille de Pierre, ce pape autrefois si redouté eût été massacré par les Italiens et par les Allemands, indignés des fléaux que ses orgueilleuses prétentions avaient déchaînés. Tant de sang répandu, tant d'excommunications lancées, tant de ruines accumulées, tant d'efforts dépensés pour se voir acculé à l'impuissance, captif et presque ridicule au milieu de Grecs et de Normands, de sauvages déprédateurs et de vils mercenaires! telle était la fin du rêve du moine Hildebrand.

A cette heure d'examen de conscience, quel monologue sortit de la bouche de cet homme autrefois maître du monde, quelles pensées, quels sentiments bouleversèrent son esprit et son cœur? Nul ne l'a su.

Cependant il ne douta pas un seul instant de la bonté de sa cause.

« Mes travaux ne comptent pour rien, disait-il, en levant les yeux au ciel, mais j'ai aimé la justice. »

Et il répétait le verset du Psalmiste : « J'ai aimé la justice et haï l'iniquité, c'est pourquoi je meurs en exil. »

Oui, il avait raison d'interroger un ciel inclément, de lui demander pourquoi le Dieu des batailles, le Dieu de Moïse et de Josué n'avait pas assuré la victoire à l'oint du Seigneur.

Il avait vaillamment combattu au nom des intérêts les plus sacrés de l'Église; il avait été courageux et logique jusqu'au bout. En effet, au point de vue supérieur où il devait se placer, un dilemme s'imposait à son esprit. Ou l'Église n'était rien, ou elle était tout; ou elle possédait la vérité absolue, ou elle renfermait l'erreur. Si, comme il en avait la foi, elle était le salut, le Verbe de l'humanité, la conscience du monde, le phare des nations, elle devait mettre le pied sur la tête des rois et des peuples, leur enseigner la voie droite et les forcer d'y marcher sous sa direction.

Guidé par ces principes, par cet absolu, Grégoire VII écrivait à Herman, chef du clergé de Metz :

« Quant à ceux qui prétendent que les rois ne sauraient être légitimement déposés par les papes, je les renvoie aux paroles et aux exemples des Pères, et ils apprendront que saint Pierre a dit : « Soyons toujours prêts à punir les coupables, quel que soit leur rang. » Qu'ils considèrent les motifs qui ont engagé le pape Zacharie à déposer le roi Childéric et à relever tous les Francs de leur serment de fidélité. Qu'ils apprennent que saint Grégoire, dans ses décrets, non-seulement excommuniait les seigneurs et les rois qui s'opposaient à l'exécution de ses ordres, mais encore qu'il les privait de leur puissance. Qu'ils n'oublient pas que saint Ambroise lui-même a chassé du temple l'empereur Théodose en l'appelant profane, sacrilége et meurtrier.

« Peut-être ces misérables esclaves de rois voudraient-ils soutenir que Dieu, lorsqu'il a dit à saint Pierre : « Paissez mes brebis, » en a excepté les princes. Mais nous leur démontrerons que le Christ, en donnant à l'apôtre la puissance de lier et de délier les hommes, n'en a excepté aucun. Le saint-siège a le pouvoir absolu sur toutes les choses spirituelles, pourquoi ne gouvernerait-il pas également les intérêts temporels? Dieu règne dans les cieux ; son vicaire doit régner sur le monde entier. Cependant des insensés prétendent que la dignité royale est au-dessus de la dignité épiscopale ; ils ignorent donc que le nom de roi a été inventé par l'orgueil humain, et que le titre d'évêque a été constitué par le Christ. Saint Ambroise affirme que l'épiscopat est supérieur à la royauté, comme l'or est supérieur au plus vil métal. »

Pour bien connaître les idées théocratiques d'Hildebrand, il faut lire le recueil de ses maximes et de ses doctrines intitulé *Dictatus Papæ*, et dont voici un des principaux passages :

« Il n'y a qu'un nom au monde, celui du pape ; lui seul peut employer les ornements impériaux ; tous les princes doivent baiser ses pieds ; lui seul peut nommer ou déposer les évêques, assembler, présider et dissoudre les conciles. Personne ne peut le juger, son élection seule en fait un saint ; il n'a jamais erré, jamais à l'avenir il n'errera ; il peut déposer les princes et délier les sujets du serment de fidélité, etc. »

Et encore :

« L'Église romaine est fondée par Dieu seul. Le seul pontife romain peut se dire universel ; il peut seul déposer les évêques et les replacer sur leurs siéges, etc.»

IX

La théocratie de Grégoire VII. loin d'être un échafaudage de son imagination ou de son ambition, tenait aux entrailles mêmes de la chrétienté, à l'enseignement des premiers Pères de l'Église. Le monde idéal commande le monde terrestre, le prêtre le laïque; les maîtres des cieux sont les maîtres de la terre, les possesseurs des âmes, ont tout droit sur les corps, voilà qui est irréfutable. Hildebrand ne succomba donc pas, comme il l'a dit, pour avoir aimé la justice, car la justice suppose une doctrine de liberté, d'équilibre universel, de bon sens philosophique et de science humaine complétement contraire au système catholique, mais il périt pour avoir obéi à la logique de sa situation.

La justice est toujours subordonnée à la justesse et à la vérité des conceptions. Sans doute, Hildebrand était, relativement à la conception catholique, dans la justice et dans la vérité lorsqu'il défendait la suprématie de l'Eglise, la supériorité du spirituel sur le temporel; mais ce qui n'était ni juste ni vrai, c'est la conception fausse de l'Église, c'est son dogme erroné.

Si Grégoire VII ne se fût pas piqué d'une fidélité scrupuleuse à l'esprit du christianisme, il n'eût pas institué le célibat qui lui valut l'inimitié de la plupart des évêques, ni créé les investitures qui lui aliénèrent la féodalité et le rendirent odieux aux souverains.

Ses successeurs, à quelques exceptions près, se gardèrent bien de suivre son exemple. Abandonnant la logique religieuse pour la logique politique, ils sacrèrent le despotisme des princes de la terre en échange de leurs donations, de leur appui temporel; ils composèrent avec l'erreur au moyen de pragmatiques sanctions, de concordats, de concessions mutuelles; ils firent des puissances pontificales et royales, de l'autorité politique et de l'autorité religieuse, de la monarchie et du saint-siège autant de barricades contre les intérêts légitimes des peuples; ils ne s'entendirent avec les souverains que pour mieux passer la corde au cou des libertés, des droits politiques des nations. N'osant mordre les princes, les papes furent, selon l'éloquente expression de Grégoire VII, pareils à des chiens qui n'osent pas aboyer devant le loup; et si l'on excepte Innocent III, Grégoire IV, Innocent IV, Boniface VIII, aucun autre n'osa reprendre les foudres d'Hildebrand, ni répéter ses vigoureuses allocutions, dans le genre de celle-ci, par exemple :

« Qui ne sait que l'autorité des rois et des chefs de l'État vient de ce que, ignorant Dieu, livrés à un orgueil, à une cupidité sans frein, ils ont, à l'aide du prince du mal, de Satan, prétendu dominer leurs égaux, c'est-à-dire les hommes, par l'insolence, les rapines, la perfidie, les homicides, enfin presque tous les genres de scélératesse ? »

Consumé de colère, mais inébranlable dans son absolutisme théocratique, dans ses idées d'universelle domination, Hildebrand mourut le 25 mai 1085, en maudissant l'Empereur et l'antipape, en excommuniant tous les ennemis de la fille de Pierre. Il avait caressé le projet des croisades ; mais les ravages de l'incendie qu'il avait allumé en Occident ne lui permirent pas de le porter en Orient. Une idée fausse qui envahit le cerveau d'un homme de génie, est une cause de désordre et de malheur pour le monde entier. Ainsi Grégoire VII ne recula devant aucune conséquence de sa théorie absolutiste, mais son point de départ étant faux, il roula jusqu'à l'abîme.

X

Hildebrand était l'âme et la pensée de la belliqueuse Mathilde; aussi sa mort l'abattit plus qu'une défaite. Le malheur la frappa à coups redoublés; car, peu de jours après Grégoire VII, s'éteignait le principal conseiller de la comtesse, l'évêque Anselme, qu'elle appelait l'*Ange du grand conseil!* La fille de Pierre gardait toujours à ses côtés un ministre de Dieu, un dignitaire de l'Église. Lorsque la retraite de Salerne lui enleva Hildebrand, elle retint Anselme auprès d'elle. Un des chapelains de cet évêque, nous apprend que « dame Mathilde fut maintes fois guérie de divers maux par sa seule bénédiction. » — « Elle sentait sortir de lui, disait-elle, comme une force du dedans, à ce point, que le mal semblait fuir, *rien qu'à son geste ou à son toucher.* »

Cependant, la comtesse reporta sur l'Église l'amour ardent et extatique que lui avaient inspiré Anselme et Grégoire. La mort d'Hildebrand lui faisait une situation fort perplexe. L'antipape Guibert, soutenu par les troupes d'Henri IV, occupait toujours Rome; il y avait urgence à lui opposer un vrai pape, de la façon de *madame Mathilde;* car les Romains qui avaient pris en haine Grégoire VII, le destructeur de leurs villes, s'habituaient parfaitement à Guibert, actif, entreprenant, tolérant, excellent administrateur.

Les évêques de la haute Italie élurent un pauvre abbé du Mont-Cassin, très-rétif à la dignité pontificale, quoiqu'il eût été désigné par Hildebrand, à son lit d'agonie. Mais l'élection était insignifiante ; le problème à résoudre, c'était la consécration, l'installation. L'abbé du Mont-Cassin, qui prit le nom de Victor III, entra piteusement à Rome, derrière les soldats de Gisulfe, prince de Salerne, qui eut beaucoup de peine à s'emparer de l'église Sainte-Lucie, où le nouveau pape fut installé tant bien que mal, au milieu de la lutte, soutenue par les partisans de Guibert.

Victor III effrayé s'enfuit au Mont-Cassin. En vain, la comtesse lui écrivit que c'était un sacrilége d'abandonner la chaire de Saint-Pierre à la profanation de l'antipape Guibert, et qu'il fallait à tout prix rentrer à Rome. Sourd à ces appels de la belliqueuse madone de l'Italie, il ne sortait pas des profondeurs de sa retraite.

Mathilde lui intima l'ordre de se rendre à Rome, en lui disant qu'elle y arriverait en même temps que lui, à la tête de son armée.

« De même que Jeanne d'Arc à Reims marchait

l'épée haute devant son roi, dit M. Renée, ainsi Mathilde, à la tête de ses soldats, précédait le pape, et lui ouvrait les portes de Rome. Elle était à la fois l'âme et le bras; elle était comme la papauté elle-même. »

Les Romains défendirent vaillamment le saint-père, que les partisans de Grégoire flétrissaient de la qualification d'antipape; enfin le vrai pape put être conduit sur les cadavres des citoyens, et, au milieu de l'incendie, au château Saint-Ange. L'indomptable et persévérant antipape ne se découragea pas. Il porta la guerre au sein des États de Mathilde; cette diversion força la comtesse à voler au secours de la Toscane, en pleine révolte contre son pouvoir. Le pusillanime Victor III s'enfuit de Rome sur les talons des soldats de Mathilde; il alla se réfugier à son abbaye du Mont-Cassin; il y mourut de vieillesse et de peur, après avoir prêché contre les Sarrasins la première croisade, réalisée sous le pontificat d'Urbain II, son successeur.

XI

Urbain II montra plus de résolution que l'abbé du Mont-Cassin; il renouvela l'anathème d'Hildebrand contre l'empereur d'Allemagne, contre l'antipape Guibert et leurs partisans. Mais ces anathèmes, trop souvent répétés, paraissaient émoussés aux yeux des populations italiennes, lasses des désordres de la papauté. La Toscane n'était guère plus sympathique à la fille de Pierre ; elle aurait voulu se débarrasser de la pieuse comtesse, épuisant le pays en impôts et en levées d'hommes nécessaires pour combattre, tantôt les troupes de l'antipape, tantôt celles d'Henri IV. Le pape, voyant faiblir les ressources de la comtesse, lui conseilla de se fortifier, en accordant sa main au jeune duc Guelfe de Bavière.

L'intrépide Mathilde avait bien voulu se marier avec l'Église, mais non avec tous ses partisans ! Poursuivie par le fils aîné du conquérant de l'Angleterre, Robert Courte-Heuse, puis par un autre Robert, chef d'aventuriers normands qui avaient débarqué en Toscane, elle les avait éconduits avec toute la politesse possible, en leur opposant sa résolution bien arrêtée de rester veuve et vierge. Cependant Urbain II eut raison de sa résistance ; il lui ordonna ce nouveau sacrifice au nom des intérêts menacés de l'Église. Mathilde attristée, mais toujours esclave des volontés des papes, s'inclina, et la fille de Pierre épousa à quarante ans un duc de vingt ans.

L'empereur Henri IV, très-inquiet des conséquences politiques de cette union, franchit les Alpes et descendit en Italie. Mathilde se réfugia aussitôt derrière les murailles de sa forteresse de Mantoue. En même temps qu'Henri voyait ses soldats arrêtés par les remparts des places fortes de la Toscane, des intrigues suscitées par Urbain II et Mathilde organisaient la trahison à son foyer.

L'impératrice Berthe Praxedis était comme Mathilde une dévote dont le cœur s'était depuis longtemps détaché de l'excommunié Henri. Des scènes violentes s'étaient élevées entre les époux. Henri IV, si l'on ajoute foi aux calomnies propagées par son fils, rallié à la cause de Mathilde et du pape, aurait agi en Néron. Il aurait livré sa femme à la luxure de ses courtisans, et, afin d'obtenir le divorce, il aurait préparé une intrigue, une scène de viol arrangée de façon à rendre publique la honte de l'impératrice. Connaissant cet aimable intérieur, le pape et la comtesse cherchèrent à envenimer des rapports déjà trop tendus; ils envoyèrent en Allemagne des affidés auxquels l'impératrice et son fils aîné prêtèrent l'oreille.

XII

La croisade prêchée par Urbain II avait ranimé le fanatisme et l'enthousiasme de toute la chrétienté. Les partisans d'Henri diminuaient en Italie, tandis que ceux des Guelfes augmentaient. Henri opéra sa retraite ; il revint à petites journées en Allemagne. Mais sa femme et son fils révoltés n'attendirent pas son retour ; ils passèrent à la cour de Mathilde.

« Cette fuite de Praxedis, dit le chapelain de Canossa, eut tout l'effet d'une grande victoire pour Mathilde et pour l'Église. »

Triste victoire achetée par la trahison. Mais une autre trahison aussi noire de la comtesse fut découverte par son mari, le duc Guelfe de Bavière, qui, comme Godefroi le Bossu, ne fut nullement enchanté d'avoir été épousé pour la forme. Cependant il contint son indignation jusqu'au moment où il apprit qu'avant son mariage la comtesse avait fait donation de tous ses biens à l'Église. Le pape Urbain II, jugeant qu'après la fuite de l'impératrice et la révolte de Conrad, la comtesse était assez forte pour lever le masque, lui demanda de renouveler publiquement sa donation secrète à l'Église. Le duc Guelfe bafoué exigea alors un divorce, tant pour n'avoir pas joui du mariage que pour avoir été dupe d'un faux contrat; après quoi le second mari se retira en Allemagne, comme le premier s'était retiré en Lorraine.

Appelée en témoignage, Mathilde convint que le duc avait dit l'exacte vérité, qu'il n'y avait jamais eu d'intimité conjugale entre elle et lui, en outre qu'elle lui avait fait une donation fictive de ses biens.

Ces procédés de dévote désaffectionnèrent de la souveraine de Toscane un grand nombre de chrétiens. Mais pourvu que l'Église triomphât, peu importait sa réputation à la fille de Pierre. Il ne lui restait qu'un obstacle à surmonter, qu'un adversaire à vaincre : l'antipape Guibert qui trônait à Rome. Mathilde ne craignit pas de s'allier avec Roger, le nouveau chef de ces Normands qui avaient mis Rome en cendres. Guibert vaincu s'enfuit à Ravenne, où il termina ses jours en entraînant au tombeau son compétiteur Urbain II, le grand prédicateur de la première croisade.

La comtesse avait déterminé la rébellion de Conrad, le fils aîné de l'Empereur, par l'offre de la couronne d'Italie; cependant elle le tenait trop outrageusement sous sa dépendance, et la guerre allait éclater entre eux lorsqu'il mourut subitement au mois de juillet 1101, mort foudroyante qui rappela celle de Godefroi le Bossu.

Après les funérailles d'Urbain II, la comtesse dépêcha à Rome ses ambassadeurs, chargés de favoriser l'élection d'un Toscan animé d'une haine religieuse implacable, le cardinal Rainerius, qui devint Pasqual II. Mathilde et le nouveau pape se concertèrent pour fomenter une nouvelle trahison intestine à la cour d'Henri IV; ils circonvinrent le plus jeune des fils de l'empereur, l'héritier de la couronne; ils lui promirent leur appui et l'entraînèrent à la rébellion. Cependant le jeune Henri aurait dû être désarmé par la générosité de l'Empereur qui, ayant compris son impatience de régner, l'avait fait couronner dans la diète de Cologne en 1098. Mais, héros et type d'ingratitude, il n'hésita pas à déclarer à son père qu'il ne le reverrait que lorsque son excommunication serait levée. C'était entrer ouvertement dans le parti du pape.et de la comtesse.

XIII

Le fils révolté convoqua une diète à Mayence le jour de Noël; il conseilla perfidement à son père de se retirer dans l'intérêt de sa sûreté au château d'Ingelheim et d'y attendre les décisions de la diète. Les archevêques de Mayence, de Cologne et de Worms vinrent bientôt le sommer, au nom de la diète, de leur remettre les ornements impériaux destinés à son fils : la couronne, l'anneau et le manteau de pourpre.

En vain le vieil Henri chercha à les émouvoir en leur rappelant ses bienfaits : les indignes évêques se jetèrent sur lui, arrachèrent ses insignes, en disant :

« N'est-ce pas à nous qu'il appartient de sacrer les rois, de les orner de la pourpre ? Celui que nous avons revêtu par un mauvais choix, pourquoi ne l'en dépouillerions-nous pas ? »

Après avoir subi de tels outrages, le vieil empereur, dont la destinée lamentable rappelle celle du roi Lear de Shakespeare, convoqua le ban et l'arrière-ban de ses fidèles serviteurs, en forma une armée, puis il marcha à la rencontre de son fils : il le vainquit dans une première rencontre ; malheureusement sa victoire lui coûta la moitié de ses partisans ; accablé par le nombre, il fut complétement défait. Il erra quelque temps sur les bords du Rhin, dépouillé de tout et réduit à une telle misère, selon la légende, qu'il aurait proposé à l'évêque de Spire de sonner les cloches et de remplir l'office de clerc pour gagner son pain de chaque jour.

Accablé sous le poids des chagrins, excommunié par l'Église, trahi par ses fils, abandonné par ses vassaux et sujets, l'empereur d'Allemagne mourut comme un pestiféré, dans la solitude et le désespoir. L'évêque de Spire eut pitié de son cadavre, et, malgré l'excommunication, l'enterra au fond d'une crypte de la cathédrale.

A cette nouvelle, l'odieux Henri V ordonna l'exhumation du cadavre de son père, dont les restes furent jetés, comme ceux d'un chien, au milieu d'un champ peu éloigné de la ville de Spire.

Voici l'oraison funèbre d'Henri IV faite par le chapelain de *madame Mathilde* :

« Ce roi se roula, comme un pourceau, dans le vice et dans le mal... Saoulé de chagrins et de dégoûts, battu, cassé, tordu comme un arbre jeté à terre, n'espérant plus même le repos dans la mort. »

Est-ce assez chrétien ?...

Après avoir dispersé les os de son père le grand maudit de l'Église, Henri V envoya à Lucques et à Rome des ambassadeurs pour demander la récompense de son impiété filiale, de sa monstrueuse ingratitude. Il renouvelait sa soumission envers l'Église et le saint-père; il exprimait le désir que le pape lui plaçât sur la tête la couronne impériale, enfin il réclamait du saint-siège le droit des investitures, refusé au prix de tant de luttes à son père.

Mathilde accueillit bien les ambassadeurs de Henri; mais, lorsqu'elle connut les exigences royales qu'ils avaient été chargés de transmettre au pape, elle engagea secrètement Pasqual II à ne pas accéder à une telle demande. « Ce serait perdre en un jour, disait-elle, le fruit de trente ans de combats et d'efforts, ruiner l'œuvre de Grégoire et retomber dans tous les désordres du passé. »

Pasqual II, enhardi par la comtesse, refusa à Henri le droit des investitures. Il consentit seulement à lui donner la couronne impériale s'il était fermement résolu à se montrer le fils obéissant de Pierre, comme Mathilde en était la fille soumise.

Le jeune roi d'Allemagne n'avait ni les défauts ni les qualités chevaleresques de l'empereur son père que la violence et la franchise perdirent. Il était pétri de malice et de ruse. Sans montrer aucun mécontentement de sa déconvenue, il partit tranquillement à la tête de son armée pour Rome. Il ravagea toutes les villes italiennes placées sur son passage, en ayant la précaution de respecter les États de Mathilde, qu'il invita à la conférence de Bibianello. La comtesse sortit de ses tours de Canossa pour défendre la conduite et les volontés du saint-père. Mais elle faiblit devant les hypocrites protestations d'Henri; croyant à sa soumission réelle au pape, elle conclut avec lui une trêve; c'est tout ce que demandait le roi. Il traverse rapidement la Toscane, qu'au mépris de la trêve ses soldats ravagèrent, puis il arrive devant Rome, après avoir eu l'attention d'adresser à Pasqual II un hypocrite message qui l'assurait de ses respects, de sa fidélité de bon chrétien, de sa soumission absolue à ses ordres.

Le pape l'accueille avec joie; il lui donne solennellement la couronne et lui rappelle ses serments d'obéissance au saint-siége. Mais le lion rejette la peau de renard et dévoile sa ruse. Henri se lève impétueusement en disant au pape d'un ton impérieux :

« Je ne veux pas, saint-père, que tu me donnes seulement la couronne, il me faut encore l'anneau et la crosse pour que je les confère à mon tour à tous les évêques de mon royaume, ainsi que l'ont fait mes ancêtres. »

Henri V réclamait hautainement les investitures des évêques que ses prédécesseurs, disait-il, avaient possédées pendant quatre siècles, depuis Charlemagne, sous soixante-trois pontifes, en vertu et par l'autorité de nombreux priviléges; en outre, il déclarait que ses ecclésiastiques se contenteraient des dîmes et des oblations, et que le roi reprendrait, retiendrait, pour lui et pour ses successeurs, les terres et les droits régaliens qui avaient été donnés aux églises par Charles, Louis, Othon et Henri.

Pasqual opposa tant au nom de son clergé qu'au sien un refus formel à ces prétentions impériales dépassant celles d'Henri IV, de funeste mémoire.

L'assemblée était très-agitée pendant ce débat pathétique. Le roi furieux fit arrêter par ses estafiers allemands le pape, les évêques, les cardinaux et les citoyens qui les soutenaient.

Cependant deux évêques avaient pu s'échapper de l'assemblée ; ils avaient informé les Romains de l'attentat du roi et de ses Allemands contre le saint-père. Les Romains, mettant la nuit et les ténèbres à profit, tombent à l'improviste sur les troupes royale qui, refoulées, reculent au delà du Tibre. Mais Henri les ranime, les ramène au combat et se rend maître de toute la ville. Ces avantages obtenus, il fait conduire le pape et ses cardinaux dans la forteresse de Tribucco.

XIV

Dès que Mathilde connut la captivité du pape, elle dépêcha Arduin, son plus éloquent conseiller, avec la mission de rappeler le roi à ses engagements envers l'Église.

Henri se déclara prêt à s'incliner devant le pape, mais sous la condition expresse que le saint-père lui donnerait la couronne impériale, et renoncerait aux investitures ainsi qu'aux droits régaliens.

Effrayé par les menaces de mort des farouches soldats d'Henri, et ne voyant pas d'ailleurs d'autre moyen de sortir de sa cage, le pape fit toutes les concessions refusées si obstinément à Henri IV. Il signa un traité par lequel il cédait à l'Empereur l'investiture des évêchés et des abbayes de son royaume ; il releva les partisans d'Henri de toutes les excommunications qu'ils pouvaient avoir encourues ; il s'engagea à ne jamais l'excommunier lui-même ; bien plus, il accorda la terre sainte au corps d'Henri IV. Lorsque le pontife eut confirmé ce traité par serment sur l'hostie sacrée partagée entre les communiants, et qu'il eut placé de sa main la couronne impériale sur la tête d'Henri, les portes de sa prison lui furent ouvertes, ainsi qu'à ses cardinaux.

Henri V partit triomphant. Il avait vengé l'humiliation de la couronne. Plus habile que son père, il avait joué le pape et la grande comtesse ; le traître qu'ils avaient formé, qu'ils avaient poussé à la félonie, à la rébellion contre l'autorité paternelle, les frappait sans pitié, mais en toute justice. Avant de quitter l'Italie, Henri rendit ses devoirs à *sa mère* dans son château de Bibianello. Il apaisa ses ressentiments par de mielleuses paroles ; la réconciliation se fit, et l'Empereur se sépara très-ami en apparence de Mathilde, qui, suivant sa parole, voyait son œuvre détruite et cinquante années de guerres soutenues pour défendre l'absolutisme papal et le fameux droit d'investiture réduites à néant par l'habileté d'un conquérant allemand.

Mathilde recevait le châtiment de son abandon des intérêts de l'Italie, de sa politique antinationale et papiste. Elle était bien forcée d'accepter le triomphe d'Henri V, car ses sujets pressurés et fatigués, dont elle devait réprimer les fréquentes insurrections, auraient refusé de la suivre dans de nouveaux combats. Et cependant quel beau rôle elle eût joué si au lieu de se sacrifier à l'exaltation de la papauté, de se constituer l'humble vassale du saint-siége, elle eût mis son courage indomptable, son caractère énergique et son belliqueux génie au service de sa nation ; en un mot, si elle eût préféré être appelée le porte-étendard de l'Italie plutôt que la fille soumise de Pierre.

XV

Pétrie de la main des papes, la madone armée de l'Italie devait rester enchaînée à la poursuite de leur idéal. Jusqu'au règne de Mathilde, les républicains de l'Italie, voyant ou devinant la voie fatale où la papauté poussait leur nation, s'étaient opposés vigoureusement à leurs tendances théocratiques en plaçant, à l'exemple des anciens Romains, l'élément politique et la liberté au-dessus de l'élément religieux. Mais la dévote fille de Pierre donna à la papauté une puissance temporelle et militaire qui lui permit de ruiner le parti républicain, de résister à ses prises d'armes, à ses insurrections. Mathilde, en outre, divisa l'Italie et l'Allemagne en deux factions armées : les Guelfes (du nom de Guelfe de Bavière, le second époux de la comtesse), partisans aveugles du pape, et les Gibelins partisans de l'Empire. Il ne fut plus question de savoir si l'Italie devait constituer des pouvoirs politiques assurant son indépendance, mais seulement qui avait raison ou de l'Empereur ou du Pape.

Ainsi posé, le problème était insoluble, car au point de vue des droits et des libertés des nations pontifes et souverains avaient tort : l'unité théocratique représentée par la papauté et l'unité nationale par l'empire étaient également funestes. Mais au point de vue des situations respectives, il était bien permis à la féodalité militaire, aux rois et aux empereurs du moyen âge, de refuser leur vasselage au pontificat de Rome.

Si la guerre civile coïncida avec la guerre étrangère pour désoler les belles contrées de l'Italie, et si les empereurs d'Allemagne frappèrent impitoyablement les Italiens, ceux-ci méritèrent leur sort, car ils avaient dédaigné les théories antipapistes de leur aristocratie républicaine et prêté main-forte aux manœuvres de leurs pontifes.

Mathilde de Toscane fut le fléau de l'Italie ; elle la détourna de son vrai but politique pour l'enfermer dans l'impasse religieuse. En outre elle fortifia matériellement la papauté ; elle constitua le despotisme à double face du saint-siège, sans compensations ni satisfactions possibles pour la malheureuse Italie rivée à la chaîne temporelle et spirituelle de saint Pierre.

Les dernières années de la comtesse furent attristées par le triomphe imprévu du traître Henri V. On la croyait morte lorsqu'elle se releva de son lit d'agonie pour écraser une nouvelle sédition de la ville de Mantoue ; ce fut son dernier effort. Elle s'éteignit à soixante-neuf ans, le 24 juillet 1115, peu regrettée de ses peuples et chantée par son chapelain de Canossa sur ce ton dithyrambique :

« Ta gloire, ô Christ, est restée debout, grâce à l'héroïque Mathilde. C'est pour toi qu'elle a combattu les princes impies et les *villes rebelles*. »

XVI

Au mépris de la donation au saint-siége faite par Mathilde, Henri V rentra en Italie pour s'emparer des États de sa cousine. Fort de soixante mille soldats supérieurs à tous les jurisconsultes, il attaqua la validité du testament de la souveraine de Toscane ; il prétendit que Mathilde avait entendu parler de ses propriétés, non des fiefs ou des biens régaliens.

Pasqual ayant de bonnes raisons pour ne pas comprendre ainsi la donation de la fille de Pierre s'éleva vivement contre la prise de possession impériale. Henri alla lui donner une consultation de droit à Rome. D'ailleurs il avait un autre grief sérieux à lui reprocher.

Le traité du pape avec l'empereur, arraché, comme on l'a vu, par la violence, avait excité l'indignation de tous les dignitaires de l'Église et de tous les Guelfes; on le considérait comme un lâche abandon de la politique de Grégoire VII, des conquêtes de la chrétienté sur l'empire.

Sollicité de ne pas exécuter ce traité, de déclarer nul son serment et d'excommunier l'empereur, Pasqual avait réuni au palais de Latran un concile qui déclara nuls tous les engagements du pape vis-à-vis de l'empereur, et l'excommunia pour avoir indignement extorqué le saint-siége. Le pape, assez perplexe entre l'empereur et le concile, n'approuva ni ne désapprouva la sentence. Il réussit à mécontenter les deux parties du débat; aussi son impopularité était complète à Rome lorsque Henri V y entra aux acclamations des Gibelins et des barons mécontents de Pasqual II.

Le pape n'attendit pas l'empereur qu'il redoutait tant; il se retira d'abord au Mont-Cassin, puis à Bénévent, enfin en France.

Pendant quelques années, l'Italie fut livrée à une anarchie complète, partagée entre les prétentions contraires des Guelfes et des Gibelins; enfin, sous le pontificat de Calixte II, une diète assemblée à Worms en 1122 établit un accord passager entre les Allemands et les Italiens, entre le pape et l'empereur. Moyennant quelques concessions, Henri V garda le droit des investitures.

« Ainsi se termina par un arrangement puéril,

dit de Potter, après cinquante ans de guerre la plus acharnée, la funeste querelle des investitures. Mais la rivalité entre le sacerdoce et l'empire n'était pas éteinte. »

XVII

La théocratie et la monarchie, le despotisme religieux et le despotisme monarchique se sont longtemps disputé le monde et les peuples, jusqu'au moment où ils se sont entendus pour mieux exploiter et opprimer le genre humain.

Le résultat final de la querelle des investitures, close par la diète de Worms, annulait complétement les effets de l'action religieuse et militante de Grégoire VII et de Mathilde.

Non-seulement l'Italie paya de son sang et de son argent les frais de cette guerre stérile en résultats et féconde en dévastations, mais l'héritage de Mathilde disputé par le saint-siége et l'empire, lui infligea encore plus d'un siècle de ruines et de désastres. L'Italie doit à la fille de Pierre un plus fatal héritage, contre lequel elle se débat aujourd'hui même. Les prétentions des papes à la souveraineté temporelle d'une partie du territoire de l'Italie s'appuyèrent sur la donation au saint-siége des

États de Mathilde. Avant elle, des donations avaient été faites au pontificat de Rome par Pepin, Charlemagne et Louis le Débonnaire ; mais les domaines de l'Exarchat et de la Pentapole étaient considérés comme des apanages ruraux, nullement comme des donations impliquant hommage de vassaux, droits régaliens et souveraineté politique.

Dante, le grand ennemi du pouvoir temporel du saint-siége, définit l'immoralité de ces luttes impies en disant que l'Église romaine était tombée dans la boue pour avoir confondu la nature des deux pouvoirs. Machiavel voyait dans Rome pontificale la destructrice de toutes les patries politiques, de toutes les unités nationales. D'accord quant au fond avec le jugement de ces deux grands hommes, nous résumerons en ces quelques mots l'histoire de l'Italie :

La papauté a été la cause de ses guerres intestines, de ses invasions étrangères, de ses servitudes, de tous ses malheurs.

TROISIÈME PARTIE

JEANNE DE NAPLES

JEANNE DE NAPLES

I

A côté de Mathilde de Toscane, dont l'attitude belliqueuse et le courage militaire relevaient son abaissement devant la papauté, il faut inscrire, comme donatrice du saint-siége et fondatrice du pouvoir temporel de la papauté, une reine criminelle et impudique, Jeanne de Naples. Elle se fit publiquement absoudre du meurtre de son mari en faisant don à Clément VI de son État d'Avignon que les papes possédèrent durant un laps de six siècles, et qu'ils regrettent sans doute encore aujourd'hui, car s'ils n'ont jamais montré un grand souci de l'affaiblissement de leur influence morale, en revanche ils se sont préoccupés à l'excès du maintien intégral de leur pouvoir temporel. Il semble même qu'ils n'aient essentiellement tenu qu'à cette partie matérielle de leur puissance, qui d'ailleurs leur a assuré et leur assure des revenus considérables payés par les contribuables, assez contrariés de voir leur part de paradis hypothéquée sur leurs biens terrestres.

L'histoire de Jeanne de Naples et du pape Clément VI confirme cette tendance persistante des souverains pontifes à accroître leur pouvoir temporel au détriment de leur influence morale.

Au quatorzième siècle, la maison de France avait donné des souverains à l'Italie et à la Hongrie. En 1333, le roi de Naples Robert, qui sentait sa fin venir, voulut assurer à sa petite-fille Jeanne la succession au trône en contraignant ses vassaux à lui prêter serment et en la mariant à son cousin André, fils de Louis d'Anjou, roi de Hongrie.

Le cousin et la cousine, qui avaient été élevés ensemble, connaissaient parfaitement leurs défauts. Jeanne, douée de tous les charmes du corps, avait grandi au milieu des exemples pernicieux d'une cour immorale et voluptueuse ; courtisée par de beaux cavaliers, elle avait eu la faiblesse de se laisser séduire à peine nubile, s'il faut en croire les chroniqueurs italiens. Elle détestait d'ailleurs son cousin dont le caractère dur et renfrogné était en complet désaccord avec le sien. La raison d'État unit donc encore une fois deux êtres parfaitement antipathiques.

Le roi Robert maintint en paix les époux, mais à sa mort la discorde éclata.

Proclamée reine de Naples, le 19 janvier 1343, Jeanne prétendit jouir de tous les bénéfices des souveraines et donner son cœur aux courtisans qui flatteraient le mieux son caprice d'un moment. Autant elle détestait son cousin et mari Charles, autant elle adorait un autre cousin, Louis de Tarente.

Le prince-époux, comme on dirait aujourd'hui, eut le mauvais goût de blâmer les déportements de la grandesse sa femme. Il lui opposa ses titres de mari et de prince de la maison d'Anjou, affirmant avec raison d'ailleurs qu'en sa qualité de fils aîné du roi de Hongrie il avait un droit plus légitime que le sien à la couronne de Naples.

Tant d'insolence méritait un châtiment. Les courtisans prirent parti qui pour la reine, qui pour le roi de Naples. Les partisans de la reine, fort inquiets des menaces d'André qui avait fait peindre au-dessus de ses armoiries et à leur adresse un billot et une hache, décidèrent l'épouse à se défaire de l'époux; c'était le seul moyen de réaliser un divorce désirable à tous les points de vue.

II

Un bâtard du roi Robert, le comte d'Artusio, et Philippine la Catanaise, furent chargés de tisser la toile d'araignée dans laquelle devait se prendre l'époux barbare. Il fut convenu que Jeanne, feignant un reste de tendresse pour André, l'inviterait à sceller l'amoureuse réconciliation hors des murs de Naples, et qu'au beau milieu des tendres ébats deux envoyés viendraient annoncer au prince-époux une nouvelle de la plus haute gravité.

Cette ingénieuse machination fut parfaitement exécutée ; elle eut un succès de tour de Nesle ! Un beau jour de septembre de l'année 1345, le prince-époux s'étant laissé conduire au couvent des Célestins, près d'Averse, oubliait tout souci, tout danger dans les bras de Jeanne, lorsqu'on frappa avec persistance à la porte de la chambre à coucher. Le prince-époux se montra fort mécontent d'être ainsi dérangé ; mais les camérières du couvent accrurent encore sa contrariété en lui annonçant que ses conseillers, accourus de Naples, l'attendaient sur le seuil de la chambre pour lui communiquer des nouvelles de la plus haute gravité.

André s'habilla à la hâte et tomba dans le piége. Frappé de coups de poignard, il se défendit courageusement ; il fut poussé par les meurtriers vers une fenêtre et tomba à la renverse dans un jardin où d'autres assassins postés l'achevèrent.

Jeanne assista à cette scène tragique comme à un curieux spectacle. L'opération terminée, le dernier acte joué, elle fit placer son mari dans un cercueil, se vêtit de deuil, s'échevela et rentra à Naples en donnant les signes les plus convaincants, les témoignages les plus douloureux de la veuve inconsolable.

Le premier jour de l'étonnement passé, les Napolitains, revenant sur leurs premières impressions, demeurèrent convaincus que la reine et ses partisans seuls avaient eu intérêt à se défaire d'André ; alors ils l'accusèrent avec une vivacité toute méridionale d'avoir trempé ses élégantes mains dans le sang de son mari.

Jeanne trouva un singulier moyen de se disculper ; elle livra aux bourreaux les principaux auteurs du meurtre d'André ; et comme quelques-uns d'entre eux, notamment Philippine la Catanaise, indignés d'être ainsi payés de leurs services par cette reconnaissance toute royale, accusaient hautement la reine de complicité, les exécuteurs dépêchèrent vivement les assassins, après avoir pris la précaution de leur mettre un bâillon dans la bouche pour que leurs dangereuses révélations n'arrivassent pas aux longues oreilles de la population napolitaine.

Jugeant que les mânes de son mari devaient être apaisées par un sacrifice, Jeanne épousa son beau-cousin, Louis de Tarente, le 20 août 1347. Mais les princes qui se connaissent et s'apprécient à leur juste valeur ne sont pas aussi faciles à convaincre que le bon peuple. Malgré l'exécution des assassins d'André, son frère aîné Louis, qui régnait en Hongrie, ne crut pas à l'innocence de sa belle-sœur. Il appela sa noblesse aux armes pour venger le meurtre d'André qu'il fit représenter sur des étendards noirs, — au moyen âge on se plaisait à représenter ainsi de telles scènes, qui parlaient aux yeux, — et, le 3 novembre 1347, il se mit à la tête de son armée pour envahir le royaume de Naples.

Les courtisans, si braves quand ils ne voient pas l'ennemi en armes, ou le peuple en révolution, fondirent dans la main de la reine criminelle. L'armée napolitaine, commandée par Louis de Tarente, fut réduite par les désertions à une force insignifiante. Jeanne, délaissée, ou plutôt réprouvée, s'embarqua avec quelques fidèles et cingla vers ses États de Provence. Mais elle ne reçut pas bon accueil des Provençaux; les barons, indignés de son crime, la retinrent presque captive. Dans cette situation perplexe, elle intéressa le ciel à sa délivrance ; elle eut recours au pape, sa dernière planche de salut. Elle se rendit à Avignon où séjournaient les papes, depuis le schisme introduit par Louis de Bavière qui avait créé un souverain pontife de sa façon, et avait exilé Jean XXII, auquel succéda Clément VI.

Villani rapporte que Jean XXII, quoique éloigné de Rome et ayant eu à soutenir ses prérogatives contre l'antipape Nicolas, avait laissé en mourant la valeur de vingt-cinq millions de florins d'or dont héritèrent ses successeurs, qui habitèrent Avignon jusqu'en 1371, jusqu'à la fin du schisme de la papauté.

III

L'historien italien, Matteo Villani, a laissé un portrait peu flatteur de Clément VI. Dans son archevêché de Rouen, il avait pour maîtresse la comtesse de Turenne ; il garda près de lui, lorsqu'il devint pape, cette femme dissolue et avide qui, disposant des faveurs spirituelles et des grâces du souverain pontife, ne les transmettait qu'après les avoir fait chèrement payer par les solliciteurs.

« Clément créa des cardinaux si jeunes et de mœurs si dissolues et si déshonnêtes, dit Bernardin Corio, un autre historien italien, qu'il en résulta les plus grandes abominations dans l'Église. »

Dans l'un des consistoires tenus à Avignon par Clément VI, de hardis et mordants prélats, nous apprend Villani, firent circuler une lettre « du prince des ténèbres, datée du centre du Tartare, en présence de tous les démons, et adressée au pape, *vicaire de Satan*, et à ses dignes conseillers, les cardinaux. » L'enfer les félicitait de la multiplicité de leurs vices, et de leur zèle à servir la cause du diable. Cette épître ironique transmettait au pape et aux cardinaux les compliments de la Superbe, mère des membres du sacré collége, de l'Avarice, de l'Orgueil, de l'Impudicité et des autres péchés.

Jamais cour ne fut plus vénale et plus corrompue que celle d'Avignon. Pétrarque, en poëte chrétien indigné, a fait la vive peinture du débordement des mœurs papales au quatorzième siècle en France, que nos lecteurs pourront juger par les extraits suivants de ses lettres :

« On trouve en ces lieux, dit Pétrarque à son ami, en lui parlant d'Avignon :

« Le terrible Nemroth ;

« Sémiramis armée ;

« L'inexorable Minos ;

« Rhadamante ;

« Cerbère ;

« Pasiphaé, amante du taureau ;

« Le Minotaure, monument scandaleux des plus infâmes amours ;

« Enfin tout ce qu'on peut imaginer de confusion, de ténèbres et d'horreurs.

« C'est ici la demeure des larves et des lémures, la sentine de tous les vices et de toutes les scélératesses.

« Je ne rapporte que ce que j'ai vu moi-même, et non ce que j'ai entendu raconter par d'autres. Je sais, par ma propre expérience, qu'il n'y a ici ni piété, ni charité; aucune foi, aucun respect, aucune crainte pour la Divinité; rien de saint, rien de juste, rien d'humain. L'amitié, la pudeur, la décence, la candeur y sont inconnues.

« L'espoir d'une vie future est considéré ici comme une illusion vaine; ce qu'on raconte des enfers, comme une fable; la résurrection de la chair, la fin du monde en Jésus-Christ, juge suprême et absolu, sont mis au rang des inventions puériles. L'amour de la vérité y est taxé de démence; l'abstinence, de rusticité; la pudeur, de sottise honteuse. La licence, au contraire, est estimée grandeur d'âme; la prostitution mène à la célébrité. Plus on accumule de vices, plus on mérite de gloire; une bonne renommée est regardée comme ce qu'il y a de plus méprisable; la réputation, comme la dernière des choses.

« Ce que je dis ici n'est ignoré de personne. Je passe sous silence la simonie, l'avarice, la cruauté qui ne respecte aucun des sentiments humains, l'insolence qui se méconnaît elle-même, et les prétentions de la vanité, etc.

« Je me hâte d'arriver à un point plus odieux à la fois et plus plaisant. Qui, en effet, ne rirait et ne s'indignerait en même temps à la vue de ces enfants décrépits (les cardinaux et les prélats), avec leurs cheveux blancs et leurs amples toges sous lesquelles ils cachent un impudence et une lasciveté que rien n'égale? Des vieillards libidineux poussent l'oubli de leur âge, de l'état qu'ils ont embrassé et de leurs forces, jusqu'à ne craindre ni déshonneur ni opprobre. Ils consument dans les festins et les débauches les années qu'ils devraient employer à régler leur vie sur celle du Christ. Mais bientôt ces excès sont suivis d'autres excès encore, et de tout ce qu'offrent de plus condamnable l'impudicité et le libertinage.

« Les indignes prélats croient arrêter ainsi le temps qui fuit devant eux. Satan, d'un air satisfait, assiste à leurs jeux, il se fait l'arbitre de leurs plaisirs ; et, constamment placé entre les vieillards et les jeunes vierges qui sont les honteux objets de leurs nauséabondes amours, il s'étonne de ce que ses tentations sont toujours au-dessous de leurs coupables entreprises...

« Je ne dirai rien des viols, des rapts, des incestes, des adultères; ce ne sont plus là que des badinages pour la lubricité pontificale. Je tairai que les époux des femmes enlevés sont forcés au silence par un exil rigoureux, non-seulement loin de leurs foyers domestiques, mais encore loin de leur patrie. Je ne m'appesantirai même pas sur le plus sanglant des outrages, celui par lequel on force les maris de reprendre leurs épouses prostituées, surtout lorsqu'elles portent dans leur sein le fruit du crime des autres, outrage qu'on a bientôt l'occasion de répéter, puisque la femme doit retourner dans les bras de son premier amant dès qu'elle peut de nouveau servir à ses infâmes plaisirs; outrage enfin qui ne cesse que quand cet amant est pleinement rassasié, ennuyé, dégoûté.

« Le peuple connaît ces choses aussi bien que je les connais moi-même, et il ne s'en cache plus; car la douleur a surmonté la crainte, et les menaces du libertinage n'imposent plus à l'indignation. »

Il ne faut pas oublier que c'est un chrétien sincère, dont la foi religieuse est révoltée, qui peint et juge les cardinaux d'Avignon!...

Ces lettres *sine titulo* de Pétrarque ne portent pas de date, il est vrai; « mais, dit de Potter, un passage de la quinzième lettre, où l'auteur avoue que les deux Clément avignonais avaient fait plus de mal à l'Église que les sept premiers Grégoire, nous paraît suffire pour appliquer aux prélats de la maison de Clément VI l'énergique tableau dû au pinceau de Pétrarque. »

Malgré l'excès des corruptions de l'Église, l'Italie, au milieu du quatorzième siècle, semblait vouloir renaître de ses cendres ; elle donnait au monde l'intéressant spectacle d'une floraison littéraire, scientifique et artistique, contrastant étrangement avec les mœurs cruelles et dépravées qu'entretenaient les cours dissolues de ses petits souverains ayant à leur solde des troupes de bandits. Poëtes, savants, historiens, traducteurs de lettres grecques et latines, peintres et statuaires rivalisaient d'ardeur et d'enthousiasme pour jeter quelques fleurs sur le fumier et le chaos sanglant de la fin du moyen âge, pour glisser à travers ses ténèbres les lueurs du beau et du vrai.

Rien n'est plus propre à faire entrevoir le triomphe définitif de la civilisation que les efforts constants des esprits supérieurs de tous les temps pour dissiper la nuit de la barbarie et se tendre la main à travers les âges les plus obscurs, les plus douloureux de l'histoire.

A cet essor des lettres et des arts, — car l'Italie a sans cesse aspiré à se régénérer par l'art et la liberté, — répondit un mouvement politique qui, mieux conduit ou mieux soutenu, l'eût débarassée du même coup de ses tyrans et de ses tyranneaux, de ses Guelfes et de ses Gibelins, du despotisme papal et de la paissance impériale.

Un éloquent et courageux tribun, Cola de Rienzo, évoquant les grands souvenirs de l'antiquité, proclama la république à Rome et déclara que tous les peuples de l'Italie étaient libres!

Malheureusement le pouvoir, l'amour du faste, perdit et enorgueillit Cola de Rienzo sorti d'une humble condition, comme il a perdu et perdra encore tant de tribuns! C'est là son action délétère. Profitant de ses fautes et de ses ridicules, les factions papales et aristocratiques renversèrent Rienzo et le firent poignarder. Le fils du cabaretier n'en avait pas moins exprimé courageusement la grande pensée toujours vivante au fond des cœurs italiens, la République, la seule institution, la seule forme politique qui eût assuré la grandeur et la prospérité de leurs ancêtres. A Cola de Rienzo qui lui enlevait la domination civile de Rome, le pape répondit par la nomination de Charles IV de Bohême comme roi des Romains.

Avant d'entrer à Naples, le roi de Hongrie s'était rendu à Rome; il avait soumis au tribunal de Rienzo la légitimité de son intervention, basée sur la nécessité de venger le meurtre de son frère. Dès que le dictateur républicain l'eut approuvé, il se rua sur les États de Jeanne, les dévasta et châtia cruellement les complices impunis de l'assassinat d'André.

Jeanne apprit ces désastreuses nouvelles en Provence; elle ne pouvait reparaître en Italie que grâciée par l'Église. A Avignon, elle demanda hardiment et nettement à Clément VI l'absolution de son crime. Le souverain Pontife lui objecta que toute absolution, toute indulgence se payaient, et qu'après le scandale produit en Europe par son crime, l'Église ne pouvait sans compensation lui donner son eau lustrale. La reine de Naples lui offrit la souveraineté d'Avignon en échange de la proclamation publique de son innocence. La forme de cet étrange marché, passé entre la papauté et une pécheresse peu repentante, fut sauvée aux yeux des badauds par le prix simulé de trente mille florins, que Clément VI ne donna jamais.

Exécutant en conscience ses promesses, après avoir reçu le contrat de cession de la ville d'Aviguon signé par la reine de Naples, Clément VI convoqua un consistoire, un conseil de princes de l'Église, qui furent chargés d'entendre et d'acquitter Jeanne. Parée de ses plus beaux atours, elle comparut rayonnante de beauté et d'effronterie devant la cour pontificale.

La reine de Naples voulut bien avouer que son aversion hautement manifestée vis-à-vis de son mari avait pu déterminer ses amis à le frapper, mais se retranchant aussitôt derrière une superstition de cette époque, elle affirma que sa haine était le fruit d'un maléfice jeté par un implacable ennemi.

La cour pontificale, se contentant de cette excuse dérisoire de maléfice présentée impudemment par une reine qui avait prémédité le meurtre de son époux, proclama Jeanne innocente.

C'est au prix de cette honteuse ironie, de cette coupable capitulation de conscience, que la papauté acquit le Comtat-Venaisin, resté six cents ans entre ses mains.

Clément VI ordonna à tous les ennemis de la reine de Naples de cesser leurs hostilités contre elle, d'abdiquer leurs injustes préventions à son égard. Il menaça de ses foudres quiconque douterait de la parfaite innocence de la reine de Naples, et signifia à Louis de Hongrie l'ordre de sortir de ses États ; afin de le décider, il lui fit offrir secrètement quelques milliers de florins. Le roi de Hongrie, plus noble, plus grand que le pape, dédaigna ses leçons et son argent en lui répondant qu'il n'était pas venu battre monnaie en Italie avec le sang de son frère. Il n'était pas fâché d'ailleurs de trouver un prétexte plausible pour quitter l'Italie ; ses farouches Hongrois l'avaient si bien ravagée qu'elle en était reduite à la famine et à la peste.

Au milieu de cette désolation, de ces calamités publiques, Jeanne revint à Naples où elle continua le cours de ses déportements. Le pauvre sire qu'elle avait épousé, et pour lequel elle avait assassiné son premier mari, lui rendit le service de mourir le 26 octobre 1362. Un mois après, bravant toute convenance, Jeanne convolait en troisièmes noces avec le prétendant au trône de Mayorque, Jacques d'Aragon.

Bientôt dégoûté des mœurs dépravées de la cour de Naples, Jacques d'Aragon prit le parti héroïque de passer sa vie dans les camps, loin de son indigne épouse, qu'il laissa veuve en janvier 1375.

Suivant son habitude, Jeanne rechercha un nouvel époux. Il fallait vraiment que ses attraits fussent aussi séduisants, aussi irrésistibles que ceux que le tableau de Léonard de Vinci lui a prêtés, car elle put choisir parmi ses nombreux adorateurs un des plus vaillants chevaliers de ce temps : le prince Othon de Brunswick.

Malgré ses succès conjugaux, Jeanne n'avait pas l'âme tranquille. La haine veillait autour d'elle, une haine sourde mais implacable, qui attendait son heure et son jour; c'était celle de la cour de Hongrie où un cousin de Jeanne, Charles de Duras, s'était réfugié pour préparer une invasion du royaume de Naples.

D'autre part, le génie protecteur de Jeanne, celui qui l'avait si bien lavée de son meurtre, Clément VI était mort. Le schisme continuait à déchirer le sein de l'Église ; l'Europe était partagée entre deux vicaires du Christ. Deux souverains pontifes élus par deux partis différents et hostiles se disputaient la tiare, et Jeanne avait pris le parti de Clément VII, qui résidait dans Avignon, contre le comte de Genève exalté par le parti allemand, à Rome, sous le nom d'Urbain VI. Pour se venger de la reine de Naples, ce pape appela en Italie Charles de Duras, que Jeanne avait privé de tout espoir de succession au trône en adoptant, dès le mois de juin 1380, Louis, comte d'Anjou.

Couronné roi de Naples par Urbain VI, le 2 juin 1381, Charles de Duras, que secondaient les Hongrois et de nombreux déserteurs napolitains, envahit sans obstacle sérieux les États de Jeanne. Le brave Othon de Brunswick, dont la petite armée avait été affaiblie par les défections, ne put livrer bataille.

Jeanne avait compté sur le secours de Louis d'Anjou ; mais ne le voyant pas paraître, elle s'était réfugiée derrière les fortes murailles de Château-Neuf dont quelques traîtres ouvrirent les portes à l'ennemi le 13 juillet 1381. Vainement son mari essaya-t-il une diversion en livrant un combat aussi acharné que désespéré ; Othon fut vaincu et fait prisonnier. La reine de Naples se vit forcée de se remettre à la discrétion de son cousin Charles de Duras.

Elle s'était à peine rendue qu'une flotte provençale, portant des défenseurs qui venaient la secourir, entra dans le port de Naples.

Charles de Duras autorisa Jeanne à recevoir les Provençaux en sa présence, comptant bien qu'elle leur ordonnerait de lui rendre hommage. Mais la reine prisonnière se montra cette fois grande et énergique; elle rappela les bontés dont elle avait comblé Charles de Duras, qui l'avait récompensée par la trahison, par la perfidie; elle supplia les Provençaux de ne reconnaître pour roi de Naples que Louis d'Anjou et de la venger un jour du brigand qu'ils avaient sous les yeux. Hors de lui, Charles de Duras envoya sa cousine dans la Basilicate, au château de Muro, où il donna l'ordre de la tuer dès qu'il eut appris que Louis d'Anjou faisait voile pour la délivrer.

Le 12 mai 1382, la reine de Naples fut étouffée sous un lit de plumes par les bravis de Charles de Duras.

Ainsi périt cette triste courtisane de l'Église, cette messaline du quatorzième siècle, que les amollissements d'une cour dissolue avaient corrompue avant l'âge de puberté! Si c'est là une excuse, c'est la seule qui puisse atténuer ses forfaits.

Après le meurtre de sa cousine Jeanne, Charles de Durazzo, couronné et sanctifié, devint tranquille possesseur de ses États de Naples.

Le cruel Charles trahit le pape comme il avait trahi sa cousine. Lorsqu'Urbain VI, comptant trouver un vassal reconnaissant, vint à Naples pour soumettre Charles au cérémonial catholique qui figurait la soumission de la royauté à la papauté maîtresse des rois, le souverain de Naples ne lui baisa pas les pieds, suivant le rituel, mais il prit la bride de la monture du pape, qu'il conduisit sans plus de façon en prison. Urbain VI ayant réussi à s'échapper du cachot où la trahison l'avait claquemuré, il excommunia le roi félon. Charles de Duras reçut enfin le châtiment qu'il avait infligé si souvent et qu'il méritait si bien : il fut assassiné en mettant le pied en Hongrie, dont la couronne avait tenté son insatiable ambition.

Après la mort d'Urbain VI, le schisme continua à partager le monde catholique en deux camps opposés : d'un côté, les Urbanistes qui élurent Perin Tomasel; de l'autre, les Clémentins qui exaltèrent à Avignon l'Aragonais Pierre Luna.

Les états généraux de France se dérobèrent à cette anarchie religieuse en faisant gouverner les diocèses par leurs évêques et en ne reconnaissant aucun pape. Il est vraiment fâcheux que cette résolution si rationnelle n'ait pas toujours été maintenue dans le beau pays de France; elle eût empêché de naître les dissensions soufflées par l'ultramontanisme; elle eût réduit à néant les

Saint-Barthélemy et les Dragonnades. Tout au moins cette répudiation française de l'influence des pontifes romains eût diminué de quelques milliers de personnes les *neuf millions de victimes* que firent les guerres religieuses pendant la durée du règne absolu des papes.

QUATRIÈME PARTIE

LUCREZIA BORGIA

8.

LUCREZIA BORGIA

I

Cette famille de monstres, étiquetée *Borgia* dans le musée tragique de l'histoire, se tenait à ce point par les liens du crime que père, mère, frères et sœur partageaient souvent le même lit. Ces reptiles s'entrelaçaient instinctivement pour mieux serrer le monde dans les nœuds de leurs replis vipérins.

César Borgia avait pris pour devise : « Ou rien, ou César ! — *Aut Cæsar, aut nihil.* » Le pape Alexandre VI, idolâtre des cinq bâtards qu'il avait eus de Vanozzia, vendait, pour les enrichir, les indulgences de l'Église. Pour leur donner des trônes, il empoisonnait et renversait les petits princes et les seigneurs féodaux des villes italiennes.

Quant à Lucrèce Borgia, sa note dans l'horrible concert de famille consistait à méduser les maris que la politique lui faisait épouser et à plaire aux poëtes. Elle eut en partage la sérénité, la félicité dans le crime; sa destinée fut une idylle, voluptueuse et sanglante. Tandis que son père et ses frères terminèrent tragiquement leurs jours, comme dans une tragédie antique, elle mourut dévote en faisant bâtir des couvents de filles pour racheter ses péchés! Elle s'éteignit voluptueusement en respirant les fleurs et l'encens, entre les bras caressants des courtisanes, des lettrés, des poëtes, des Pierre Bembo. Il fallait que le dix-neuvième siècle émergeât de la nuit des temps pour que cette vierge noire, cette courtisane de l'Église, fût marquée de la griffe puissante d'un grand poëte.

En une Marozia, et surtout en une Théodora, on vit, aux neuvième et dixième siècles, des âmes romaines dans des corps de prostituées, de hautes ambitions qui, en s'emparant du pouvoir politique et religieux, cherchèrent cependant à préserver Rome et l'Italie de la domination impériale. Mais une Lucrèce Borgia. Il n'y a qu'un mot à dire et à écrire: *Monstruosité féminine!*

Heureusement pour l'honneur de l'Italie, les Borgia venaient d'Espagne ; ils en avaient gardé la rudesse, la corruption grossière. Alexandre VI avait l'encolure et presque le mufle du taureau ; la physionomie de César traduisait éloquemment des instincts violents, que son hypocrisie habituelle ne pouvait contenir.

La fameuse Lucrezia Borgia, si nous la jugeons sur le portrait de Le Guerchin, n'était pas une beauté éblouissante ; beaucoup d'Italiennes devaient éclipser cette Espagnole aux traits durs. Mais il est impossible de ne pas se sentir impressionné par cet œil grand et fixe, plein de passion, par ce regard dévorant, par ces narines roses bien ouvertes et cette bouche d'une indicible expression de sensualité. Amis et ennemis ne devaient pas rester froids devant ce visage *empoignant*, devant ce front d'airain large et haut, un peu fuyant, couronné par une forêt de cheveux : le cou fortement musclé, solidement attaché à des épaules masculines, appartient bien à la race des Borgia ; mais ce qui lui appartient encore, c'est le mauvais ton de la mise. Pas de goût, pas la moindre élégance ; tout jure, piaffe et crie dans son costume : les bijoux sont en profusion : étoiles dans les cheveux, pendeloques aux oreilles, chaîne en sautoir, ceinture écaillée retenant un énorme chapelet à gros grains ; sur un corsage à grands ramages se drape une robe de brocart blanc et or aux manches bouffantes et à l'entournure exagérée. La grâce et l'art du seizième siècle n'étaient pas encore nés, ou plutôt la nature espagnole était rebelle à la beauté de la forme et à l'élégance italienne.

Les Borgia arrivèrent bien en situation; l'Italie de la fin du quinzième siècle leur ouvrait son arène sanglante : cet antre convenait à ces bêtes féroces.

La papauté avait accompli son œuvre de destruction; elle avait anéanti la république romaine en supprimant les consuls, les sénateurs, en annulant les barons romains, en abaissant la noblesse; hors de Rome, elle avançait sa main ambitieuse sur les petits États, sur les petites communes républicaines, forte de l'appui du parti guelfe auquel répondait un parti aussi antinational, le parti gibelin portant le drapeau de l'Empereur; presque toutes les petites républiques s'étaient laissé dévorer par des divisions intestines, par des factions au milieu desquelles triomphaient des familles de tyrans fondant leur pouvoir sur des compagnies de mercenaires, de condottières, qui assassinaient plus souvent qu'ils ne combattaient.

Aux neuvième et dixième siècles, les violences et les meurtres qui se déchaînèrent sur l'Italie conservaient, dans leur barbarie, quelque héroïsme, quelque poésie de combat, quelque grandeur sauvage ; mais au quinzième siècle, le plus hideux de l'histoire, qui vit trôner Henri VIII, Louis XI, Ferdinand le Catholique, le crime se fait chrétien, la violence se rafraîchit d'eau bénite, le meurtre invoque des excuses de coups d'État, d'intérêt des peuples et de salut des sociétés; le tigre fait la patte de chat et se maquille de la grimace du renard; Machiavel rédige un catéchisme politique à l'usage des princes nouveaux en quête d'États à conquérir ; enfin les Borgia enguirlandent leurs bocaux de poison et leurs stylets de fleurs de diplomatie et de rhétorique.

O despotisme exécrable des empereurs romains, ô anarchie sanglante des Barbares, qui aurait cru qu'un jour les malheureuses populations italiennes pourraient regretter vos infamies franches, vos gigantesques repues, vos violences presque belles en face des coups d'États cauteleux, des guetapens des Borgia, des Orsini, des Bentivoglio, des Médicis !

A ce despotisme éclatant d'un César, d'un Néron, d'un Constantin, d'un Théodoric, d'un Charlemagne, devaient succéder les férocités raffinées, les oppressions jésuitiques et visqueuses des césarions, des roitelets, des tyranneaux des quinzième et seizième siècles. Après l'épée, le poignard et le poison. La politique, lancée sur une pente fatale, allait rouler jusqu'à un Borgia, jusqu'au *Prince* de

Machiavel abaissant la tyrannie à la séduction et au mensonge, à l'idéal d'une recette, de même que la religion chrétienne, remaniée par les Jésuites, devait bientôt se traduire par les formules de la casuistique !

Si le génie de l'Italie n'éteignit pas complétement son flambeau au sein de cette nuit faite par la politique et la religion, c'est qu'elle reçut de l'Art au quinzième siècle, et de la Renaissance au seizième, deux rayons de véritable lumière. Les lettres, les arts, le développement de son commerce, tinrent en échec toutes les réactions politiques et religieuses. Mais combien l'Italie aurait abrégé son martyre, si elle avait résisté à l'Église par l'union du peuple et de la noblesse. Par malheur la féodalité militaire, oubliant que son principal rôle était de contre-balancer la papauté, opprima le peuple qui, à son tour, se vengea d'elle par l'insurrection et par la soumission à l'Église. Les chefs du peuple, les Giovanni Caponio, les Rienzi, les Stefano Porcari, furent encore plus maladroits, plus malheureux, plus impuissants que les familles patriciennes, que les Alberich.

Sur les débris de ces insurrections populaires et de cette noblesse brisée dans le choc de leurs luttes s'éleva, pour le malheur de l'Italie, la domination temporelle des papes dont les Borgia furent les plus tristes représentants.

II

Si Grégoire VII avait montré une certaine grandeur en cherchant à dominer les rois par l'influence spirituelle du saint-siége, les Borgia devaient trafiquer honteusement de l'autorité morale de la papauté et ne se servir de son pouvoir temporel que pour chercher à devenir la première puissance féodale et dominatrice de l'Italie.

Ce fut le pape Calixte III, né à Valence et exalté à Rome en 1455, qui fit cadeau à l'Italie de son neveu Roderic Borgia en l'appelant à Rome.

Roderic était assez embarrassé de quitter l'Espagne. Il avait séduit toute une famille, la mère et les deux filles: La mère morte, il jeta la moins aimée des filles dans un couvent, et l'autre, Rosa Vannozza, fut logée dans une maison contiguë à la sienne; chaque jour il se rendait chez elle par une porte de communication secrète, si bien que la belle et féconde Vannozza lui donna cinq enfants. Roderic les élevait honnêtement avec le fruit de ses travaux de jurisconsulte, de ses conseils d'affaires, de ses leçons de *droit!* — lorsqu'un prélat romain vint le trouver à Valence pour lui transmettre les volontés expresses de son oncle, qui dès son premier jour de présence à Rome lui assurait un bénéfice de 12,000 écus par an.

Comment faire? Il était impossible d'amener à la cour du pape une maîtresse et cinq enfants. Roderic Borgia convint avec Vannozza qu'elle partirait en même temps que lui, mais qu'elle prendrait avec ses enfants le chemin de Venise, sous la conduite de l'ami intime de Roderic, don Manuel Melchiori, dont le rôle à Valence consistait à jouer le rôle du faux mari de Vannozza, afin de garantir la vertu de Borgia des atteintes des mauvaises langues, et qui continua ce rôle en Italie.

Calixte III accueillit avec des transports de joie son neveu Roderic, qu'il combla de faveurs, lui conférant successivement les hautes charges de cardinal, de vice-chancelier aux appointements de 28,000 francs par an, de préfet de Rome, de général de l'Église, allant jusqu'à séparer de l'Église le duché de Spolète pour l'en rendre feudataire. Il est vrai que Roderic Borgia savait se montrer digne de tant de faveurs; le public s'inclinait avec admiration sur le passage du neveu du pape, qu'on appelait le nouveau saint, tant il affectait les dehors d'une piété sincère! Et quand pâle et épuisé, il sortait des bras de quelque maîtresse, les traces de la débauche qui blémissaient son visage étaient attribuées à des habitudes austères, à la macération !

Pendant ce temps si bien employé par lui, sa maîtresse s'ennuyait fort à Venise, en tête-à-tête avec son Don Quichotte Manuel Melchiori ; mais Roderic Borgia lui écrivit une lettre passionnée et lui fit entendre que plus tard il la dédommagerait amplement d'une abstinence temporaire commandée par son rôle de saint.

Après la mort du pape Calixte, auquel succédèrent Pie II, Paul II, Sixte IV, Innocent VIII, le cardinal Borgia fut envoyé par Sixte IV en qualité de légat à la cour des rois d'Aragon et de Portugal pour régler les différends survenus à propos de la Castille. Le débauché qu'avait contenu si longtemps une feinte vertu prit sa revanche sur les dames de la cour de Portugal ; il s'en donna à cœur-joie ; le scandale fut si grand, que le peuple hua dans les rues ce Sardanapale en soutane. La débauche intempérante de Roderic nuisit à sa mission ; il échoua. Pour comble de disgrâce, au retour il faillit périr sur la côte de Pise, où l'avait jeté une mer furieuse ; tout ce qu'il avait volé en Portugal fut englouti ; un grand nombre de ses compagnons de voyage disparurent sous les flots. Revenu à Rome, il y loua une petite maison pour sa maîtresse, toujours chaperonnée par le faux mari don Manuel, et chaque soir le cardinal-légat allait déposer son masque de dévot dans le boudoir de Vannozza.

III

A la mort d'Innocent VIII, le cardinal Roderic Borgia jugea le moment opportun pour tenter l'assaut du saint-siége : il acheta les cardinaux les plus influents, Sforza et Riario, par le don d'abbayes et de châteaux, les autres par quelques milliers de ducats ; enfin il s'abaissa jusqu'à terre devant les récalcitrants. Il alla trouver Ascagne jusqu'à la garde-robe pour le supplier de lui donner sa voix. Il fut déclaré pape sous le nom d'Alexandre VI. « On remarqua, dit Gordon, la précipitation avec laquelle il se revêtit de ses habits pontificaux, tant il avait peur qu'on ne revînt sur une élection vendue à l'encan ! »

Comme Sixte-Quint jetant à l'issue de son élection ses béquilles à la tête des cardinaux ébahis, Alexandre VI congédia l'hypocrite Roderic Borgia dont le rôle lui pesait, et lâcha toutes les bêtes féroces qui rugissaient dans son sein. Il se mit à son aise. Il frappa d'abord les cardinaux dont il avait acheté les voix et les consciences : ils furent dépouillés, exilés; puis, tout entier à sa maîtresse Vannoza, qu'il produisit publiquement et qu'il allait voir ostensiblement, il songea en bon père à l'établissement de ses enfants.

Dans ces temps féodaux, d'ailleurs, la famille était une forteresse derrière laquelle on bravait la fureur de ses ennemis. Enrichir, élever les siens, c'était se fortifier; assassiner son ennemi était une chose toute simple. Aussi, est-ce avec la quiétude la plus grande que le pape Alexandre VI poussa les siens à travers la ruine et le meurtre des autres.

Enrichir ses enfants, fortifier sa famille, dût l'Italie nager dans le sang et l'humanité périr, tel est le mobile des actions de ce patriarche, le grand ressort de son caractère. Il n'a commis ses crimes qu'en vue de ce but, et peut-être pour lui ces crimes lui semblaient-ils des vertus, des actes méritoires; car il y a de par le monde plus de monstres de nature que les moralistes n'en ont classé : reptiles, hyènes, tigres aux gueules toujours ouvertes pour dévorer, aux griffes toujours allongées pour saisir et étouffer la proie. Quand ces monstres naissent dans des temps où il faut frapper pour ne pas être frappé, où règne le droit du plus fort, comme ceux de l'Italie à la fin du quinzième et au commencement du seizième siècle, ils sont terribles, impitoyables à leurs adversaires. La conscience chez les êtres de l'espèce des Borgia n'était pas née, ou si elle naquit, elle fut captée par des passions puissantes, par des intérêts éloquents.

Ce juge, délicat comme l'hermine, qu'on appelle la conscience, ne prononce son verdict avec certitude que lorsque tous les débats sont apaisés. Mais quand ce moment de calme arrive-t-il en l'homme? très-tôt ou très-tard, rarement dans le milieu de sa vie, dans la fureur du combat. Chez les Borgia comme chez beaucoup d'autres, le sens moral manqua, la conscience n'éleva jamais la voix; ils tendirent des piéges naturellement, comme des renards; ils s'ensanglantèrent la gueule à la curée des princes et des seigneurs féodaux, comme des chiens de chasse lancés à fond de train sur les bêtes. Ce sont des monstres parfaits, presque naïfs!

IV

Jamais Alexandre VI, qui avait enseigné le droit en Espagne, ne songea un moment qu'il n'avait pas le droit de terrasser des ennemis pour s'enrichir de leurs dépouilles. Aussi, comme il brille, comme il marche d'un pas assuré dès qu'il est pape.

Il châtie les cardinaux, convaincus de simonie, et trouve le moyen de leur enlever des cadeaux; il détrousse les barons romains; il ouvre la grande chasse du saint-siége contre toutes les maisons puissantes en Italie, contre les princes d'Este à Ferrare, les Bentivoglio à Bologne, les Malatesta à Rimini, les Manfreddi à Faenza, les Colonna, les Urbini, les Orsini, les Vitelli, les Savelli. Il accable les siens de dignités et de richesses. César Borgia devient archevêque, puis cardinal, et duc de Valentinois; Jean Borgia, son neveu, que ses débauches, ses vices et ses maladies avaient déjà rendu célèbre sous le pontificat précédent, est également fait cardinal; son fils aîné François Borgia, dont le caractère contrastait heureusement avec le naturel féroce de César, devient duc de Gandia et général de l'Église; sa fille Lucrèce a en partage des châteaux, des duchés; bien mieux, il la marie à Jean Sforce, seigneur de Pesaro, après avoir déclaré nulle son union avec un pauvre gentilhomme espagnol, enchanté de perdre sa femme et de recevoir du pape trois mille ducats d'indemnité! Tout était profit pour lui.

Alexandre VI battait la caisse en Italie et dans toute l'Espagne, pour augmenter, disait-il, la puissance et la dignité du saint-siége; mais en réalité, il quémandait pour ses chers enfants, un titre, une principauté, un mariage. Quand on ne lui donnait pas, il prenait. La convoitise de cet oiseau de proie avait été surtout excitée par le beau royaume de Naples. Pas de scélératesse qu'il n'ait commise contre Alphonse. D'abord, il rappelle au roi de France, Charles VIII, ses droits sur Naples ; puis il forme une ligue avec les Vénitiens et le duc de Milan, Ludovic Sforza ; enfin, il a l'audace de proposer à Alphonse une alliance en lui exposant les dangers qu'il lui a suscités. Le roi de Naples effrayé cède ; alors Alexandre VI lui arrache 30,000 ducats pour lui, 10,000 ducats pour son fils aîné ; pour son cadet, César Borgia, les meilleurs bénéfices vacants de l'Église ; pour son troisième fils Joffredo, âgé de quatorze ans, à peine nubile, la main de dona Sancia, bâtarde du roi Alphonse, avec un revenu pour le jeune époux, de 10,000 ducats par an, trois cents hommes d'armes, le pronotariat de Naples et le titre de *Prince de Squillace*.

Le mariage de dona Sancia et de Joffredo fut le prétexte d'une série de fêtes somptueuses à Rome, au milieu desquelles Lucrèce Borgia accompagna des toilettes extravagantes, d'une intempérance inouïe de langage et de conduite. Elle menait à Rome le train d'une reine et d'une papesse ; les premiers dignitaires de l'Église étaient à ses genoux ; évêques et archevêques la servaient à table, et, dans des *emplois encore plus bas*, ajoute Gordon. Quand elle sortait, elle avait une suite de deux cents gentilshommes et de dames à cheval; ce fut à la tête de cette singulière cavalcade que la fille du pape, montée sur un cheval arabe somptueusement harnaché, reçut sa belle-sœur Sancia et son frère Joffredo.

Tomaso Tomasi, en rendant compte des réjouissances du mariage de Joffredo, distingue l'éclatante parure des dames, l'ajustement extravagant de dona Sancia, qui étaient placées sur de riches siéges près de Sa Sainteté; et la conversation qu'on eut avec toutes ces belles pendant plusieurs heures, donnèrent à cette assemblée le ton de la cour luxurieuse des derniers rois d'Assyrie plutôt que celui d'une assemblée faite en présence du vicaire de Jésus-Christ. Burchard, de son côté, nous apprend que la pompe et la tenue bruyante de toutes les femmes dans la basilique furent si peu décentes, si *ignominieuses*, qu'elles scandalisèrent le peuple chrétien.

Alexandre VI avait une tendresse toute particulière pour sa fille. Lucrèce entrait à toute heure, et comme elle voulait, au palais de Latran; elle disposait à son gré des grâces, des indulgences du saint-siége, des prières et des foudres de l'Église; elle était vraiment papesse. Lorsque le pape était à Rome, on la voyait toujours à son côté; s'il s'absentait, elle convoquait solennellement les cardinaux, les ambassadeurs, travaillait avec eux, expédiait les affaires politiques et religieuses, suppléant complétement Alexandre VI assez peu soucieux de se trouver à Rome en présence de la haine toujours vivace de la noblesse romaine spoliée par lui. Lucrèce Borgia était donc le plus beau joyau de la tiare d'Alexandre, d'autant mieux que son corps, comme son esprit, était à la disposition de son père et de ses frères; elle ne refusa jamais un parti, un mariage conforme à la politique du pape, elle accueillait toujours avec joie une nouvelle union, car elle ne pouvait aimer ces époux d'occasion et de passage que la politique mettait dans son lit.

V

César Borgia nourrissait, lui aussi, le projet de se marier. Il demanda au pape et aux cardinaux d'être relevé de ses vœux, déclarant qu'il ne se sentait aucune vocation pour l'état ecclésiastique.

Cependant les événements allaient troubler Alexandre VI dans sa quiétude de père de famille. Charles VIII, à qui il avait conseillé d'envahir l'Italie avant qu'il eût fait alliance avec le roi de

Naples, ne prêta que trop facilement l'oreille à ses perfides suggestions. Dans l'année 1494, le roi de France entra à Rome à la tête d'une armée qui, n'ayant pas rencontré de résistance sérieuse, avait fait une promenade militaire en Italie plutôt qu'une conquête. Alexandre, pris dans son traquenard, très-contrarié de l'invasion française à présent qu'il s'était arrangé avec les Aragonais, fut d'abord fort effrayé; il se sauva de Rome ; mais il reprit bientôt son aplomb en présence de la bonhomie de Charles VIII. Le roi de France se montra de si facile composition, qu'il se retira sans emporter autre chose de l'Italie que des promesses mensongères du pape, des indulgences et quelques dignités honorifiques de l'Église.

Il est vrai que Charles VIII emmenait en otage et en garantie des promesses mensongères du pape, César Borgia qui, quelques jours après, s'échappait du camp du roi de France, et le malheureux Gem ou Zizim, frère du sultan Bajazet, qui, à peine hors des murs de Naples, mourut empoisonné par les ordres de Borgia. Le pape, se voyant enlever un prisonnier dont la garde lui valait 40,000 ducats par an, aurait chargé un complice, peut-être son fils, de mêler au sucre du prince Gem la poudre blanche appelée la *candarelle*. Après cette habile opération, Alexandre VI ne manqua pas de réclamer au sultan Bajazet les 300,000 ducats qu'il lui avait déjà offerts pour assassiner ce compétiteur au trône de Turquie, ce frère redouté, en faisant observer au pape qu'il ne commettrait pas de crime, « puisque la religion chrétienne permet de faire mourir les infidèles. »

Durant leur séjour à Rome, les soldats français n'avaient pas montré la tolérance de leur roi ; ils avaient pillé quelques maisons, violé beaucoup de Romaines : c'était le chapitre obligé des invasions en Italie[1]. La maîtresse du pape, Vannoza, avait été pillée et non pas violée ; aussi jeta-t-elle des cris de paon, appelant son fils César Borgia à venger son honneur outragé ! « Plût à Dieu, lui dit cette forcenée, que j'eusse été assez heureuse pour qu'ils eussent aussi mis fin à ma vie, et m'empêcher par là de survivre aux insultes qu'on m'a faites ; mais surtout à votre honte qui seule est une assez grande injure pour moi. Mes biens ont été la proie des abominables Français, et ma réputation, qui m'attirait leurs insultes, mon corps même eût été peut-être la victime de la lubricité de quelque coquin, si mon âge ne m'eût servi de protection,

---

1. Une circonstance à remarquer, dit de Potter d'après une relation italienne, est qu'à l'approche des Français de la Toscane, les Florentins crurent devoir faire retirer leurs femmes dans les couvents de la ville ; il n'en resta pas une seule dans les maisons ou dans les rues.

et tout cela sans doute parce que je suis votre mère. »

César s'était associé à la colère de sa mère ; il avait composé une troupe de coupe-jarrets qui, guidés par lui, assassinèrent en détail les soldats français, leur rendirent la vie impossible à Rome, jusqu'à ce qu'ils en sortissent. D'ailleurs, en Italie, chaque seigneur féodal avait à son service une bande de meurtriers soudoyés. On n'était assuré de vivre qu'en signant un pacte d'amitié avec les seigneurs et en stipulant, en cas d'attaque à main armée, un dédit de 300 à 1,000 écus.

VI

Satisfait de son premier essai, César Borgia continua à exercer les talents de ses condottières : tantôt il les lançait sur des gentilshommes, tantôt sur des Suisses, même sur la garde du pape ; enfin, jaloux de son frère qui partageait plus souvent que lui les faveurs secrètes de sa sœur Lucrèce, et qui était le préféré de son père, comme César était le favori de sa mère, il ordonna à ses estafiers de frapper le duc de Gandie.

Après avoir dîné à la vigne de Vannozza avec son frère, le duc de Gandie rentrait la nuit à Rome, lorsqu'il fut accosté par les condottières de César, poignardé et jeté dans le Tibre. Un batelier avait vu des hommes masqués lancer le cadavre dans le fleuve; presque toutes les nuits, le Tibre recevait de semblables victimes, ajouta le batelier pour se disculper de n'avoir pas révélé plus tôt le crime.

A cette nouvelle funèbre, le pape fut foudroyé; il resta trois jours et trois nuits sans prendre aucune nourriture, en maudissant l'assassin, en le menaçant du plus cruel châtiment; déjà de nombreux indices accusaient César Borgia, lorsque Vannozza vint trouver le pape et lui conseilla, dans l'intérêt de sa propre existence, de suspendre toute recherche. Alexandre VI avait trouvé son maître en assassinats; il trembla devant son fils, il s'inclina devant le chef des coupe-jarrets de Rome; il s'apaisa, se tut, et, peu de temps après l'assassinat du duc de Gandie, on vit le père, la mère, la sœur et le frère de la victime se réjouir au milieu des festins publics.

Le pape créa César capitaine général et gonfalonnier de l'Église, et le chargea de porter en France les bulles de divorce et les dispenses de mariage demandées par le roi Louis XII. C'était la première clause du contrat par lequel Alexandre VI comptait lier à lui le roi de France et se servir de ses soldats pour dépouiller et détrôner à son profit les principaux princes de l'Italie. César, doué d'une ruse toute italienne, s'acquitta à merveille de son ambassade. Il savait qu'en France, pays de badauds, il faut d'abord éblouir, parler aux yeux ; aussi afficha-t-il un faste inouï. Les fers en or de ses mules, dit un historien, n'étaient attachés que par un seul clou, de manière à ce qu'elles les perdissent plus facilement.

Louis XII, ravi de pouvoir répudier la difforme Jeanne pour épouser Anne de Bretagne, donna à César le duché de Valentinois, la paye d'une compagnie de cent hommes d'armes et une pension de 20,000 livres ; en outre, il approuva les projets de conquête des Borgia en Italie, et promit de les seconder. Voilà les fruits empoisonnés d'une dispense de mariage octroyée par l'Église à celui que l'histoire appelle dérisoirement le *Père du peuple !*

VII

Le 10 mai 1499 le duc de Valentinois épousa une fille de Jean d'Albret, roi de Navarre, après quoi Louis XII et César Borgia entrèrent en Italie :

l'un pour conquérir le Milanais, l'autre la Romagne. César Borgia marchait à la tête de six mille fantassins et deux mille cavaliers que Louis XII lui avait généreusement octroyés.

L'allié du roi de France déchaîna les furies du meurtre et du pillage sur la malheureuse province qu'il convoitait. La trahison, l'incendie, le viol, l'assassinat marchaient du même pas que le duc de Valentinois. A la tête du contingent de soldats qu'il avait obtenus de Louis XII, il prit et saccagea Forli, Faenza, Pesaro.

Les villes emportées et livrées à toute la fureur soldatesque des Français et des condottières, César Borgia sut se donner le relief de quelque semblant de justice vis-à-vis des populations de la Romagne. Il avait nommé gouverneur de Césène Ramiro d'Orco, bête féroce qui avait outrepassé les ordres de son maître en les exécutant trop à la lettre, trop ponctuellement peut-être, et qui avait ensanglanté la ville.

Un matin, les habitants de Césène virent au milieu de la place publique un billot, une hache sanglante et les deux moitiés du cadavre du gouverneur supplicié secrètement par ordre de César, donnant un avertissement exemplaire à ceux de ses subalternes coupables d'excès de zèle ou d'impopularité.

Servez donc les tyrans!

Cependant, pour être juste avec tout le monde, il faut rappeler les paroles de Sismondi : « Les ennemis de Borgia n'étaient ni moins perfides, ni moins souillés de crimes que lui. »

En 1501, Alexandre VI conféra à son fils le titre de duc de la Romagne, et l'investit de la possession de tous les biens des feudataires et des seigneurs de cette malheureuse province dépouillés ou égorgés par César. La plupart avaient été investis de leur souveraineté par les prédécesseurs d'Alexandre VI. Ce qui était venu de l'Église retournait à l'Église.

Le pape méditait une autre conquête et une autre vengeance. Il avait reçu autrefois l'affront d'un refus sec de Frédéric, roi de Naples, lorsqu'il lui avait demandé sa fille en mariage pour l'un de ses fils.

Résolu à venger un tel outrage, il se ligua pour détrôner le roi Frédéric avec Louis XII qui, mis en appétit par la conquête du Milanais et par sa coopération à celle de la Romagne, convoitait encore le royaume de Naples.

L'infâme marché ayant été conclu entre le pape et le roi très-chrétien de France, celui-ci envoya une nouvelle armée en Italie. Lorsqu'elle approcha de Rome, Alexandre VI connaissant les goûts d'ivrognerie et de luxure des soldats français, expédia au Ponte-Molle où ils se trouvaient une cinquantaine de tonneaux de vin, du pain, de la viande, des œufs, du fromage, des fruits, et seize filles de joie qui devaient satisfaire les plus pressants besoins des chefs.

Pour cacher ces priapées, on avait fait construire tout exprès des cabanes de feuillage. Ses alliés, choyés et caressés, Alexandre VI réunit un consistoire secret dans lequel il déposa Frédéric, roi de Naples, en annonçant qu'il partageait ses États entre le roi très-catholique Ferdinand d'Aragon, et entre le roi *très-chrétien* Louis XII.

Ces deux souverains ainsi autorisés par le chef de l'Église à violer le droit des gens et à voler les biens et les États d'autrui, s'emparèrent sans vergogne du royaume de Naples et l'abandonnèrent au bon plaisir de leur soldatesque.

Après les massacres, les viols, le pillage de Capoue par les Français, César Borgia, qui avait contribué à leur honorable entreprise, ramena à son sérail de Rome les quarante plus belles des femmes demeurées prisonnières. Les dédaignées furent vendues publiquement et à vil prix dans la capitale des États pontificaux!

Ainsi la papauté, en s'unissant aux souverains étrangers, pillait, ruinait et saccageait l'Italie, éternelle enclume sous les coups répétés et simultanés du roi très-chrétien et du successeur de saint Pierre.

VIII

Depuis longtemps, César Borgia convoitait d'un regard avide le Bolonais, la Toscane, les Marches et le duché d'Urbin. Une alliance intime avec la puissante maison de Ferrare devait ouvrir la voie à son ambition. Alphonse d'Este, le fils aîné du duc, était un charmant cavalier; il ne s'agissait que de l'unir à Lucrèce.

Mais il existait un autre Alphonse qui contrariait la combinaison; ce mari de Lucrèce s'était éloigné d'elle quand il avait vu le pape conspirer ouvertement avec les Français contre le royaume de Naples. Pour consoler sa fille de cet abandon, Alexandre VI l'avait nommée gouvernante perpétuelle de la ville et du duché de Spolète. Il fallait donc, sous prétexte de réconciliation, amener à Rome le mari et la femme en froid, et par un bon coup de dague envoyer *ad patres* l'époux gênant.

Le pauvre Alphonse d'Aragon tomba dans le piége : il crut sincères les caresses du pape et de sa fille; il vint chercher une mort épouvantable à Rome où le pape l'avait invité à assister aux cavalcades, aux courses de taureaux, à toutes les réjouissances d'une fête splendide donnée à propos de sa réconciliation avec sa femme.

Un soir Alphonse d'Aragon fut assailli au bas de l'escalier de Saint-Pierre par les condottières de César Borgia qui, l'ayant frappé de nombreux coups de hallebarde et de poignard, le laissèrent pour mort. César sut détourner l'accusation en ordonnant l'arrestation immédiate d'un oncle maternel d'Alphonse, qu'il fit périr comme étant le meurtrier de son neveu.

Cependant le malheureux époux de Lucrèce, bien soigné par des chirurgiens, fut mis hors de danger; il articulait déjà quelques paroles; peut-être allait-il révéler le nom du coupable, lorsque César chargea son satellite le plus sûr, don Michel, et deux autres sicaires, d'étrangler Alphonse dans son lit, ce qui fut adroitement exécuté. « Et un jour, dit Burchard, le 17 août, César entra dans sa chambre comme le jeune homme se levait déjà, fit sortir sa femme et sa sœur; puis, ayant appelé trois assassins, fit étrangler ledit jeune homme. »

Les funérailles magnifiques d'Alphonse d'Aragon furent suivies des fiançailles non moins magnifiques d'Alphonse d'Este; aucun Romain ne fut étonné, tant on était habitué au *changement de mains* de la fille du pape! Le quatrième mariage de Lucrèce fut annoncé au peuple de Rome par des détonations de l'artillerie du château Saint-Ange. Lucrèce eut le cynisme, la tombe de son mari à peine fermée, d'aller rendre des actions de grâce à Notre-Dame du Peuple, de se montrer en habits de fête dans les rues de Rome, suivie d'une cavalcade composée de patriciennes, de prélats et de nobles. Voilà la femme que l'historien Nardi appelle l'honnête Lucrèce !

Pendant que retentissaient aux oreilles de Lucrèce Borgia les acclamations populaires, sur le passage de son brillant cortége, on pendait une malheureuse femme qui, dans un accès de jalousie, avait frappé son mari, et on traînait sur une claie, avant de les brûler, avec leurs vêtements relevés jusqu'au-dessus du nombril, une courtisane et un Maure connu sous le nom de la *Barbaresque espagnole*, parce que cet *infidèle* avait osé revêtir un déguisement féminin pour arriver jusqu'à une courtisane chrétienne.

En septembre 1501 fut célébrée, au milieu d'un immense concours de seigneurs et de prélats venus de tous les points de l'Italie, l'union de Lucrèce Borgia avec le fils du duc de Ferrare. Mascarades, courses de taureaux, courses de bague par les dames, divertissements de tous genres, rien ne fut épargné pour donner de l'éclat à cet événement si favorable à l'ambition des Borgia. Il y avait des comédiens et des comédies partout, au palais du pape et dans la ville. Lucrèce, comblée de présents par le cardinal d'Este, frère de son nouvel époux, gratifia les comédiens d'habits *tout relevés d'or*, car les grands ont toujours adoré les comédiens, et vida sa bourse pour qu'ils criassent dans les rues : *Vive la duchesse de Ferrare! Vive Alexandre!* Le peuple prit des repas gratuits ; mais s'ils furent joyeux, ils n'eurent pas la dissolution des festins donnés dans le palais du pape. Cardinaux, évêques, seigneurs, patriciennes, les nobles convives des deux sexes, dépouillés de tout vêtement et de toute pudeur, se plongèrent dans une débauche et une luxure dont le latin de Burchard, le camérier, le maître des cérémonies d'Alexandre VI et le narrateur indigné de ces orgies, peut seul supporter les détails et *braver l'honnêteté*. Qu'il nous suffise de dire que le pape, bon juge en pareille occurrence, s'était réservé la distribution des palmes aux triomphateurs et aux triomphatrices de ces priapées, de ces combats de la chair fouettée par la luxure et le vin, dans lesquels figuraient au premier rang l'une de ses maîtresses, Julie Farnèse ou Giula la Bella[1], sa

---

1. Julie Farnèse donna, en 1497, au pape Borgia, un fils appelé Alexandre Farnèse, qui, lisons-nous dans les *Annales* de Muratori, fut enfermé au château Saint-Ange pour avoir falsifié des brefs pontificaux, et plus tard devint pape sous le nom de Paul III.

fille Lucrèce et son fils César Borgia, juges de camp dans ces assauts d'un libertinage frénétique et inénarrable.

Alexandre VI poussa le cynisme jusqu'à faire reproduire par la peinture, sur les murs de son palais, les scènes les plus scandaleuses, les plus licencieuses de sa vie, ainsi que l'atteste Rio, un écrivain très-catholique et très-papiste :

« A l'avénement du trop fameux Alexandre VI, dit-il, le Pinturrichio fut chargé par lui de peindre la tour Borgia et un grand nombre de chambres tant dans le château Saint-Ange que dans le palais pontifical. C'était un patronage encore plus fatal à l'art chrétien que celui des Médicis à Florence. Les sujets des peintures du château Saint-Ange étaient tirés de la vie du pape, et l'on y remarquait les portraits de ses parents et de ses amis, entre autres de ses frères, de ses sœurs et de l'infant César Borgia, *son neveu.* Pour tous ceux qui étaient au courant de l'histoire scandaleuse de cette famille, cette représentation était comme une commémoration abrégée de tous les genres de crimes, et l'on n'était pas même libre de refuser d'y croire; car, outre l'éclatante publicité qu'on affectait de donner au scandale, on semblait vouloir que les arts même en fussent les complices; et, par un excès de profanation dont le monde catholique n'avait pas vu d'exemple, Alexandre VI s'était fait représenter, dans une des chambres du Vatican, sous le costume d'un des rois mages, à genoux devant la sainte Vierge, qui n'était que le portrait de la belle Farnèse, dont les aventures sont malheureusement trop connues. C'était bien le cas de dire que les murs pouvaient suppléer au silence des courtisans; car là était tracée, pour les contemporains comme pour la postérité, une accusation sans réplique contre la dépravation du siècle. »

IX

Alexandre VI avait-il besoin d'argent pour favoriser ses débauches personnelles ou les conquêtes *temporelles* de son fils, il confisquait les héritages des prélats et des seigneurs assassinés; il vendait de nouveaux chapeaux de cardinaux et prodiguait les indulgences pour la rémission des péchés et le paradis de l'autre monde, comme il le fit à l'occasion du jubilé de l'an 1500, lorsqu'il donna sa bénédiction à plus de deux cent mille personnes réunies sur la place de Saint-Pierre.

En payant généreusement, on recevait toutes les dispenses désirables pour le vice et même pour le crime. Moyennant finance, l'eau lustrale de l'Église lavait toutes les souillures. C'est ainsi qu'elle permit à Pierre Mendozza, Espagnol, cardinal de Valence, de faire son Ganymède de son fils bâtard, appelé le marquis de Zanet. Du reste, avant les Borgia, Sixte IV avait déjà octroyé à toute la famille du cardinal de Sainte-Luce, d'avoir la compagnie charnelle des mâles durant les trois mois les plus chauds de l'année.

Voici des vers latins qui stigmatisèrent la simonie et les autres vices d'Alexandre VI :

Vendidit Alexander cruces, altaria, Christum;
   Emerat ille prius, vendere jure potest.
De vitio in vitium, de flamma transit in ignem,
   Roma sub hispano deperit imperio.
Sextus Tarquinius, sextus Nero, sextus et ipse,
   Semper sub Sextis perdita Roma fuit.

Nous traduisons ainsi cette mordante et spirituelle satire de la vie d'Alexandre VI :

Alexandre vendit les croix, les autels et le Christ;
Il en avait bien le droit, puisque auparavant il les avait achetés.
Il passa du vice au crime, de la passion à la fureur;
Rome dépérit sous la domination espagnole.
Sixte Tarquin, Sixte Néron, Sixte aussi celui-là;
Sous tous les Sixtes, Rome fut perdue.

Tant de crimes, d'orgies et de honte, accumulés par les Borgia, ne passèrent pas sans être flétris publiquement. Aux époques les plus misérables de l'histoire, on entend toujours la voix de quelque citoyen, de quelque réformateur, s'élever du sein de la servitude contre l'iniquité et le despotisme. A la fin du quinzième siècle, en 1497, un dominicain de Florence donna l'exemple d'une résistance héroïque à la tyrannie. Savonarole refusa l'absolution à Laurent le Magnifique agonisant, parce qu'il avait asservi sa patrie, et il prononça de vigoureux sermons contre les débordements du clergé, contre les indulgences, les brefs et les dispenses du pape. Alexandre VI l'excommunia; il continua à prêcher le christianisme austère des temps primitifs et à stigmatiser les Borgia. Le pape força les magistrats de Florence, sous peine d'excommunication, à faire le procès de Savonarole; ils le condamnèrent à être brûlé vif.

A Rome, ce fut un tailleur nommé ou surnommé Pasquino, qui joua le rôle du chœur antique de la tragédie; il flétrissait publiquement les prodigalités fastueuses, le dévergondage luxurieux de Lucrèce, les crimes de César Borgia, du pape et de ses cardinaux; la nuit, il affichait sur les murailles de Rome des placards écrits à la main qui dévoilaient les machinations secrètes des Borgia. Pasquino fit des élèves : au milieu des réjouissances du mariage de Lucrèce, un homme masqué osa apostropher César Borgia ; ce courageux Romain, dont on ne sut pas le nom, fut arrêté, conduit à la prison de Savella, où on lui coupa une main et la langue, qui furent clouées à une grille de la prison. En même temps le pape donnait l'ordre d'arrêter, à Venise, le Grec Lorenzo, qui remplissait le dernier vœu de son frère Jean, en publiant ses satires, dirigées contre la famille Borgia. Les estafiers d'Alexandre VI forcèrent la demeure de Lorenzo, saisirent tous ses papiers et l'amenèrent à Rome ; il y fut étranglé et jeté dans le Tibre, suivant la coutume. Aux réclamations instantes du prisonnier faites par le sénat de Venise, le pape, hypocrite et railleur, répondit aux ambassadeurs « qu'il ne pouvait s'imaginer pourquoi la république de Venise prenait tant à cœur les intérêts de ce prisonnier, et qu'il était fâché de ce qu'il n'était pas en son pouvoir de leur accorder leur demande, parce que la personne pour laquelle ils intercédaient avait été déjà mise à mort par ses ordres, et qu'ainsi leur intercession était venue trop tard. »

X

La mort d'un satirique, d'un Pasquin, en engendrait un autre; à peine venait-on d'apprendre le meurtre de Lorenzo, qu'une lettre anonyme écrite de Rome et adressée à Salvius Savelli, fut imprimée en Allemagne et envoyée à Rome dont elle fit les délices. Nous la donnons comme une peinture exacte du sentiment public des contemporains vis-à-vis des Borgia.

« *Au très-illustre Silvius Savelli.* — Très-illustre Silvius, j'ai appris par les lettres de mes amis que vous avez été proscrit, que vos biens ont été pillés, et que, par une prompte fuite, vous vous êtes soustrait à la fureur et à la rage des brigands qui vous poursuivirent. J'ai senti votre malheur comme je le devais; mais ma douleur n'a point été sans quelque joie, de vous savoir retiré sain et sauf en Allemagne auprès de l'empereur. J'apprends de là que vous vous servez de sa protection pour avoir la liberté de revenir et de rentrer dans vos biens; sur quoi je ne puis trop m'étonner de vous voir assez incrédule, ou, pour parler plus naturellement, assez faible et assez aveugle pour penser que cet ennemi du genre humain, dont la vie est un tissu d'adultères et de rapines, et qui ne s'est jamais attaché qu'à tromper, puisse ni vouloir ni faire quelque chose de juste s'il n'y est obligé par la crainte et par la force. Vous vous trompez, mon cher Silvius, et vous vous flattez bien vainement, si vous vous proposez de vous raccommoder avec ce monstre, et si vous espérez d'y parvenir. Sa seule avidité et sa seule perfidie vous ont proscrit et dépouillé, et vous devez vous résoudre à être son ennemi déclaré tout le reste de votre vie. Dans cet esprit et dans la vue d'appliquer des remèdes efficaces aux maux qui travaillent Rome, vous devez exposer à l'empereur et aux princes de l'empire tout ce que ce monstre a fait, au grand dommage du christianisme, et les crimes détestables qu'il commet tous les jours, au mépris de Dieu et à la honte de la religion, qui sont si grands et si affreux que, quelque éloquent qu'on soit en les décrivant, on reste toujours au-dessous de leur énormité. C'est folie de nous plaindre de ce que Mahomet, l'ancien ennemi de la religion chrétienne, a séduit une infinité de peuples et leur a fait abandonner la foi, puisque ce nouveau Mahomet l'a infiniment surpassé en iniquité, et a presque éteint les derniers restes du christianisme. Apprenez-leur que l'Antechrist, tant de fois prédit par les prophètes, est enfin arrivé, puisque l'on n'imaginera et qu'il ne naîtra jamais d'homme plus ouvertement ennemi de Dieu, de la foi et de la discipline. Les dignités ecclésiastiques et les bénéfices qui, selon les anciens décrets des saints Pères, devraient être donnés à des hommes éminents et capables d'opérer le salut des âmes, sont aujourd'hui mis en vente, et ne sont confiés qu'à ceux qui les achètent au plus haut prix, et donnés seulement à ceux qui en offrent le plus. En effet, on entre au palais du pape, la bourse à la main, pour acheter les mystères de la religion; là on trouve le cardinal de Modène, ministre inique d'un pontife avare qui, comme Cerbère aux enfers, aboie contre tous ceux qui passent et regarde ce que l'on apporte. Les riches seuls sont admis; on chasse les pauvres en les chargeant d'injures, car tout se vend : emplois, honneurs, dispenses et cassations de mariage, répudiations, séparations, et mille autres choses que nos pères n'ont jamais connus et que le christianisme n'a jamais permis; ce qui fait insensiblement oublier aux peuples l'ancienne foi et leur remplit l'esprit de nouvelles maximes. Il n'est point de sortes de crimes et d'indignités que l'on ne commette publiquement à Rome et dans le palais pontifical; l'on y surpasse les Scythes en brigandage, les Carthaginois en perfidie, les Nérons et les Caïus en férocité et en cruauté ; car on ne finirait point de compter les assassinats, les rapines, les adultères et les incestes du père et du fils. Le prince Alphonse d'Aragon, gendre du pape, est mort des coups qu'on lui a portés, et en quelque façon a été tué deux fois. Perrot, qui servait à la chambre apostolique, assassiné dans le sein de son maître, a souillé de sang le Vatican, autrefois si respectable, et dissipé toute la cour par la consternation que sa mort y a répandue.

« Je n'entreprendrai pas de vous citer tous ceux que l'on a jetés dans le Tibre, ou morts ou blessés, ou pleins de vie ; ni ceux que l'on a fait périr par le poison ; le nombre en est si prodigieux, et il en croît tellement tous les jours, qu'il n'y a plus personne dans la ville non-seulement parmi ceux qui sont distingués par leur mérite ou par leurs charges, mais même parmi les simples particuliers, qui ne craigne sans cesse pour sa vie ou pour ses biens. Qui oserait entreprendre de décrire les horribles excès de débauches infâmes qui se commettent dans cette maison : les adultères, les incestes, les infamies de ses fils et de ses filles ; les troupes de courtisanes et de leurs ministres qui remplissent le palais des saints apôtres et en font un théâtre d'impudicité !

« Le premier jour de novembre où l'on célèbre la fête de tous les saints, il a été donné dans le palais un repas à cinquante courtisanes choisies dans toute la ville; et afin que rien ne manquât pour persuader et autoriser le crime et la lubricité, les jours suivants, en présence du pape et de ses enfants, on fit dans un cirque public courir sur une cavale plusieurs chevaux entiers. Il n'est rien de comparable à l'avidité avec laquelle cet homme pille les peuples chrétiens pour fournir au luxe de toute sa famille. On a parlé de déclarer la guerre au Turc, et, sous ce prétexte, il a fait vendre les indulgences dans toutes les églises du monde; les sommes immenses qu'il en a tirées n'ont servi qu'à fournir à sa dépense journalière, qu'à fournir avec la diminution des tributs de l'Église romaine la dot de sa fille, qu'avec un faste inouï il a envoyé à son nouveau mari couverte d'or et de pierreries, et qu'à usurper quantité de villes sur leurs véritables maîtres. Les anciens possesseurs sont chassés de leurs domaines; la meilleure partie de la noblesse romaine est exilée ou proscrite; les princes de l'État ecclésiastique sont dépouillés de leurs biens pour élever sur leurs ruines et revêtir de leurs États ses fils et ses petits-fils au berceau qu'une naissance incestueuse rend bien dignes de leurs parents.

« La désolation de la Romagne, d'Imola et de Forli est toute publique aussi bien que la prise de Faenza, la conquête de Rimini et de Pezare dont ils ont chassé les princes naturels. Le pape à ces acquisitions ajoute Cezena, Fano et Brutnorio, qu'il détache des terres de l'Église pour augmenter la puissance d'un fils qui lui ressemble si fort, pendant que ce fils, formant de plus grandes entreprises, fait la guerre aux princes de Camérin et d'Urbin, pour posséder seul, après les avoir abattus et avec la permission du souverain pontife, toute la Marche d'Ancône ; et quand il aura généralement opprimé tout le monde, ramener à lui seul les droits et tous les États de l'Église romaine, car on dit qu'il est déjà maître de Spolète, de Civita-Vecchia, de Vejes, de Népi et de Terracine ; qu'il a mis garnison dans le château Saint-Ange, et qu'enfin il est le maître du gouvernement et s'y conduit comme un ennemi déclaré qui exerce impunément un brigandage continuel. Ses rapines et ses cruautés sont les endroits par lesquels son père l'aime le plus, comme ceux dans lesquels il se reconnaît le plus parfaitement ; de sorte qu'il est difficile de décider lequel des deux est le plus méchant et le plus détestable. L'année dernière, il conduisit son armée dans la Romagne ; il traita les terres de l'Église par lesquelles il passa, comme des terres d'ennemi, faisant piller quantité de bourgs ; il ravagea de même l'Ombrie, une partie de la Marche d'Ancône, et toute la Romagne, et s'ouvrit ainsi le chemin jusqu'à Faenza ; et, afin que son retour ne démentît en rien sa première marche, il ramena son armée, d'abord à Piombino, et ensuite auprès de Florence, où lorsque les peuples y songeaient le moins, il lâcha la bride à ses soldats, et leur permit de prendre et d'enlever tout ce qu'ils voudraient. Les troupes, suivant sans peine des ordres si sages, remplirent bientôt le pays de meurtres, de rapines, de violements et d'embrasements; ce qu'il y eut de plus d'éplorable, c'est que ces malheurs furent contagieux et infestèrent les villes voisines, comme Lodi, Viterbe, Réto, Tivoli, dont les habitants au lieu de combattre ce monstre, tournèrent leurs armes contre eux-mêmes. Par ses célèbres intrigues, il s'éleva dans toutes les villes des chefs de factions qui, profitant de la licence des temps, les remplirent du sang de leurs ennemis particuliers, dont ils égorgèrent les enfants mâles au moment de leur naissance. Le pape cependant, entièrement esclave de ses passions, ne pense qu'à ramasser des bijoux pour augmenter le luxe et la parure de sa fille; et bien loin de punir les crimes de son fils et de les arrêter, il l'excite à en commettre de nouveaux, afin qu'ayant une fois opprimé ses ennemis et ceux qui sont attachés à l'empereur et à l'empire romain, il puisse assurer leurs biens à ses enfants. Il ne faut rien attendre des cardinaux : entre ceux qui ont le cœur bon et juste, ceux qui parlaient ont été chassés et opprimés, et le reste n'ose ouvrir la bouche; les autres, que le crime et l'infamie ont fait monter à un haut rang, cherchent à s'y maintenir par de lâches flatteries; ils consentent à tout, ils louent et admirent le pape, et redoutent plus qu'on ne peut penser son fils, qu'ils ont vu quitter la pourpre sacrée pour devenir le meurtrier de son frère. Le fils, qui gouverne tout selon son caprice, se fait garder dans son palais par ses soldats, pendant qu'il promène ses désirs impudiques parmi des troupeaux de courtisanes. Cependant, par ses ordres, on blesse, on tue, on jette dans le Tibre, on emprisonne, on pille tout ce qui se trouve de biens; car c'est le sang humain dont il a faim, c'est le sang humain dont il a soif; la barbarie de ce monstre a fait déjà fuir les plus illustres familles de la ville, les meilleurs citoyens sont obligés de se cacher, et ce qui reste sera bientôt contraint d'abandonner la patrie si l'empereur ne prend soin d'y remédier.

« O temps, ô mœurs vraiment déplorables! que la dignité du pontificat est avilie! que sa sainteté et sa justice sont altérées. La postérité ne croira jamais qu'avec peine qu'il se soit répandu sur la chrétienté une peste si grande? et cependant les princes projettent d'étendre la religion. Comment pourront-ils porter la guerre chez les Turcs, s'ils laissent subsister ce monstre dans leur sein, qui, du temps de Charles, roi de France, appela les Infidèles dans l'Italie ; et, sur ce qu'ils ne se fiaient pas trop au roi Alphonse, n'épargna aucune promesse pour les engager à y envoyer six mille chevaux? Ainsi les princes chrétiens n'ont donc entrepris de si longues et si pénibles guerres pour faire respecter au loin les étendards de la religion et recouvrer Jérusalem, les martyrs tant versé de sang pour l'établir et l'assurer, et les saints du temps tant veillé et tant fatigué pour la défendre, qu'afin que Roderic Borgia qui rassemble en lui tous les vices de tous les âges, assis à prix d'argent sur la chaire pontificale, foulât aux pieds les lois divines et humaines. Que les princes enfin soutiennent la religion qui chancelle, qu'ils fassent rentrer dans le port le vaisseau de saint Pierre si fort battu de la tempête, qu'ils fassent rentrer dans Rome l'ordre et la tranquillité, et disparaître de ce monde cet homme né pour le malheur de l'univers, afin que les gens de probité, assurés que l'on n'attente plus sur leur vie, puissent jouir tranquillement de ce que la Providence leur a distribué de biens.

« De toutes ces choses qui ne sont que trop véritables, mon cher Silvius, vous composerez un discours que vous prononcerez dans une diète, ou, si l'occasion ne s'en trouve pas, à quelque messe solennelle; et vous parlerez si haut que vous serez généralement entendu; vous enverrez ensuite des copies aux princes et aux rois qui ne s'y seront pas trouvés.

« Adieu, portez-vous bien, et en exécutant ce dont nous vous chargeons, souvenez-vous que vous êtes Romain, et notre ami. Adieu encore une fois. — *Du camp espagnol, devant Tarente, ce* 15 *novembre.* »

XI

Malgré la fureur que leur causa cette lettre anonyme qui retraçait si éloquemment l'histoire de leur infernale tyrannie, les Borgia n'en purent empêcher la circulation ; mais loin d'accepter ces satires politiques comme de salutaires avertissements, ils n'y répondirent qu'en redoublant d'ardeur meurtrière. Alexandre et César semblaient se piquer d'émulation au crime ; quand l'un disait : *tue!* l'autre répondait : *assomme!* Le pape usait d'un procédé fort ingénieux. Il vendait les emplois et les dignités ecclésiastiques aux plus riches prélats, et dès qu'ils avaient versé l'argent entre ses mains, il les faisait empoisonner ou poignarder pour revendre leurs charges devenues vacantes.

Pendant que le pape travaillait ainsi à Rome,

César s'occupait plus spécialement du dehors. Machiavel raconte lui-même le guet-apens de Sinigaglia, dont il avait été le témoin oculaire, dans une lettre aux magistrats de Florence, qui portait ce placide en-tête : « Comment le duc de Valentinois se défit de Vitellozo Vitelli, Oliveretto de Fermo, du seigneur Pagolo et du duc de Gravina de la maison des Orsini. »

C'est bien simple, et vous allez avoir une preuve convaincante de l'esprit fertile en ressources de César Borgia.

En revenant de la Lombardie où il avait dû se rendre pour se justifier de certaines accusations auprès de Louis XII toujours disposé à accueillir ses mensonges, malgré l'indignation générale qu'avaient soulevée en Italie ses rapines et ses meurtres, il avait résolu de marcher contre Jean Bentivoglio, tyran de Bologne, et de faire de cette ville la capitale de ses possessions dans la Romagne. Mais les Vitelli, les Orsini et leurs partisans, inquiets de ses projets, formèrent contre lui une ligue offensive qui parvint à le battre. César Borgia savait toujours se tirer avec esprit des situations les plus difficiles. Aidé de cinq cents lances franches et de l'amitié des Florentins, il évita le combat, traîna la guerre en longueur, et lorsqu'il jugea ses ennemis assez fatigués, leur soumit un traité qui fut accepté et qu'il respecta, comme il en avait l'habitude. Il proposa à ses nouveaux alliés, ses anciens ennemis de la ligue formée contre lui, une réunion à Sinigaglia pour traiter de la situation de l'Italie et de leurs affaires communes. Trompés par les caresses, les témoignages d'amitié et les paroles séduisantes de César, ayant été assez dupes pour se remettre entre ses mains, suivant l'expression de Machiavel, ils vinrent au rendez-vous donné à la tête de leurs troupes, qu'ils laissèrent à la porte de la ville. « Mais étant tous descendus de cheval au logement du duc, et entrés avec lui dans une chambre secrète, ils furent faits ses prisonniers.

« Aussitôt le duc monta à cheval et commanda de piller les gens d'Oliveretto et ceux d'Orsini. La nuit venue et le tumulte apaisé, il parut à propos au duc de faire tuer Vitellozo et Oliveretto, et les ayant fait conduire dans un lieu, il les fit étrangler. Vitellozo priait pour qu'on suppliât le pape de lui donner l'absolution plénière de ses péchés. Oliveretto pleurait, rejetant sur Vitellozo tous les torts qu'on avait faits au duc.

« Ayant donc exterminé les chefs, le duc avait jeté de solides fondements de sa puissance. »

C'est avec cette habileté mise en relief par Machiavel, que le duc César Borgia se débarrassait de ses ennemis! En apprenant l'heureuse nouvelle de Sinigaglia, le pape brûle du désir de cueillir une nouvelle palme à Rome; il appelle au palais de

Latran Rinaldo Orsini, archevêque de Florence et le pronotaire Orsini, qu'il fait égorger par ses gardes, puis il jette dans un cachot du château Saint-Ange l'abbé d'Alviano et messire Jacopo de Santa-Croce.

Mais César Borgia ne veut pas être dépassé par son père. En apprenant le coup d'Alexandre VI, il ordonne à son terrible sicaire don Michel, ordinairement chargé de ces *fortes commissions*, dit Tomasi, d'étrangler le duc Pagolo et le duc de Gravina qu'il avait fait renfermer au château de la Pieve.

XII

La navette meurtrière du pape et de son fils, dans son mouvement de va-et-vient, dépeuplait l'Italie ; chaque jour tombait une nouvelle victime expirant d'un coup de dague ou dans les convulsions de l'empoisonnement. La folie contagieuse du crime s'était emparée en souveraine maîtresse des Borgia ; ils savouraient les délices d'un guet-apens, les émotions d'un meurtre, les phases de la perpétration d'un empoisonnement, de même que les gens vertueux jouissent d'une belle action.

Chez César, le meurtre était à l'état de besoin impérieux, de passion irrésistible; un jour, nous apprend Burchard, le maître des cérémonies d'Alexandre VI, « il tua, sous le manteau du pape, Perotto, qui était favori du pape, et de telle façon que le sang sauta à la face du pape. » Parfois, il ordonnait qu'on lui amenât des condamnés dans la cour du palais, et là, devant de nombreux spectateurs, il les égorgeait de sa main élégante et aristocratique.

Les Borgia sont les artistes de l'assassinat. Heureusement, nous n'avons plus à raconter que leur dernière entreprise, qui leur fut funeste.

Neuf nouveaux cardinaux venaient d'être nommés à la fête de Saint-Pierre par le pape; ils avaient reçu le chapeau, c'est-à-dire qu'on les avait mis en possession de leurs dignités. Tout entiers à la joie, ils n'avaient donc aucune raison de repousser une aimable invitation à dîner avec le pape et César près du Vatican, dans une maison de plaisance du riche cardinal Adrien Cornetto, condamné à mort comme ses collègues.

Le 10 août 1503, jour du grand festin du pape et de ses cardinaux, César Borgia remit au sommelier six bouteilles de vin contenant un poison subtil, un acide arsénieux appelé *candarelle;* il lui recommanda expressément de servir ce *vin rare* au dessert, lorsqu'il lui ferait signe. Le sommelier mit les bouteilles de côté et se rendit à Rome où il allait chercher un panier de pêches. Le pape étant arrivé tout en sueur demanda à se rafraîchir; un domestique, en l'absence du sommelier, prit par inadvertance le vin empoisonné; il le servit à Alexandre et à César qui, après en avoir bu un verre, furent en proie à d'horribles convulsions, se roulèrent comme des damnés sur les dalles de la maison de plaisance, devant les cardinaux émus, qu'un hasard avait sauvés d'une mort certaine.

Alexandre VI résista huit jours aux effets de la *candarelle;* il mourut muni des sacrements, dans sa soixante-douzième année, la onzième de son pontificat, sans avoir revu sa fille ni son fils. César Borgia triompha du poison; on le mit dans le ventre d'un taureau ouvert vivant; il guérit pour être témoin du châtiment réservé aux tyrans, pour voir le cercueil de son père insulté par une foule joyeuse d'être délivrée d'un monstre, pour se défendre en désespéré contre les Colonna, les Orsini, contre toutes les familles qu'il avait frappées et qui se dressaient devant lui hérissées de colère et de vengeance. Avec ses troupes restées fidèles et la Romagne tranquille, il se maintint cependant. Au pape Alexandre VI succéda le vieux Pie III, dont le pontificat ne dura que vingt-sept jours. Le cardinal Julien de la Rovère, autrefois ennemi des Borgia, brigua la tiare. S'il faut en croire

Varillas (*Anecdotes de Florence*), il avait gagné César Borgia et s'était ménagé ses suffrages par une étrange assertion : il lui avait prouvé qu'amant de Vanozza en même temps que Roderic Lenzuoli, il n'était rien moins que son père. César dut cependant préférer à cette paternité douteuse l'assurance formelle donnée par le cardinal qu'il nommerait César gonfalonier de l'Église, qu'il le maintiendrait dans tous ses États, et qu'il ferait épouser à François-Marie de la Rovère, son neveu, une fille de Lucrèce.

Dès que le cardinal la Rovère fut élu pape sous le nom de Jules II, il déclara qu'il voulait être le seul maître en Italie ; il tint cependant les promesses faites à César, mais celui-ci ayant manqué, suivant son habitude, à sa parole et à son traité avec Jules II, il fut emprisonné jusqu'à l'entière remise entre les mains des troupes du pape des châteaux de Césène, de Bertinoro et de Forli. César ne sortait d'un danger que pour retomber dans un autre. Il avait déplu au roi d'Espagne, Ferdinand le Catholique, et au capitaine qui le représentait en Italie, Gonzalve de Cordoue. César fut attiré dans un véritable guet-apens. Gonzalve l'invita à une conférence, lui donna les marques les plus vives de l'amitié, l'embrassa comme un frère, et en sortant de la conférence l'arrêta au nom de Ferdinand, malgré les récriminations de

César Borgia, étonné de se trouver pris à un piége de trahison dans lequel il avait si souvent pris les autres. Il fut transporté en Espagne et enfermé dans le château de Medina del Campo. César Borgia y resta deux années prisonnier, méditant toujours son évasion; enfin, s'étant muni d'une corde, il s'évada, monta sur un cheval que le comte de Bénévent, son complice, lui avait amené, puis il se réfugia en Navarre, auprès du roi son beau-frère. Ce fut en combattant courageusement les troupes du prince Alarin, révolté contre le roi de Navarre, qu'il fut tué à Viane d'un coup de lance. Les historiens ont eu raison de dire que ce coupe-jarret, ce meurtrier sinistre, méritait une mort plus tragique que celle d'un soldat sur le champ de bataille.

Depuis le 5 janvier 1502, Lucrèce Borgia était partie de Rome pour vivre à la cour du duc de Ferrare. Sa vie à Ferrare fut aussi licencieuse que dans le passé, mais moins sanglante; elle se complaisait à donner des marques nombreuses de ses faveurs aux poëtes qui chantaient ses charmes sur le retour. Le cardinal Bembo aima à la fois avec passion les lettres et Lucrèce, il lui dédia ses *Assolani;* il célébra sur tous les tons sa beauté et sa grâce. Bembo se trompait au moins de moitié, car jamais femme ne fut moins gracieuse que l'Espagnole Lucrèce. Aux louanges intéressées du cardinal Bembo, nous préférons l'épitaphe satirique de Pontanus :

> Hic jacet in tumulo, Lucretia nomine, sed re
> Thaïs, Alexandri filia, sponsa, nurus,

que nous traduirons librement :

> Ci-gît, dans ce tombeau, une femme portant le nom de Lucrèce; mais, en réalité, une Thaïs, qui fut la fille, l'épouse et la belle-fille d'Alexandre.

XIII

Ce qui doit être dit à la décharge de Lucrèce, c'est que, manquant d'initiative, d'esprit, de caractère, elle fut une marionnette, une poupée brillante entre les mains de son père et de son frère, taillés sur un autre patron qu'elle. Alexandre et César furent des natures hors ligne appliquées au mal. Les historiens, en flétrissant leurs infamies, sont unanimes à reconnaître leur puissance. On ne saurait dire combien Alexandre VI sut affiner ses semblables, avec quelle facilité il les capta. « Avant d'être pape, il s'acquit, dit Gordon, la réputation d'un Salomon pour la sagesse, d'un Job pour la patience, d'un Moïse pour la publication de la loi de Dieu, et enfin d'un des plus saints hommes du monde. Alexandre VI ne parlait jamais mieux en homme de bien que lorsqu'il avait le plus grand dessein d'agir en scélérat ; ce zèle et cette vertu affectée n'étaient que pour éblouir les yeux du peuple, afin qu'on ne vît pas la difformité de ses actions opposées à ses paroles. »

Machiavel déclare qu'aucun pape n'a montré aussi bien qu'Alexandre VI ce que l'on peut faire avec des hommes et de l'argent.

Leibnitz a dit, en parlant du pape Alexandre, que peut-être on n'avait jamais vu, ni à Rome, ni même dans le monde entier, une cour plus souillée de crimes que celle de ce pontife. Il dit aussi que Lucrèce, fille d'Alexandre, était aussi fameuse par sa débauche que le fut Lucrèce la Romaine par sa chasteté.

Selon Tomaso Tomasi, Alexandre VI peut être considéré comme le *Néron chrétien*, grand parmi les méchants. « Personne ne sut mieux qu'Alexandre, ajoute-t-il, s'accommoder à l'humeur et au génie des autres ; il était tour à tour badin et sérieux, persuasif ; c'était l'homme du monde qui proposait les choses avec le plus d'art et qui savait mieux gagner les esprits et faire plus vite tomber dans ses sentiments les personnes à qui il s'adressait. »

Le grand historien des *Républiques italiennes au moyen âge*, Sismondi, formule ainsi son jugement sur Alexandre VI : « Il fut le plus odieux, le plus impudent, le plus criminel de tous ceux qui abusèrent jamais d'une autorité sacrée pour outrager et asservir les hommes. »

Sismondi rend justice, en outre, au talent sans égal de César Borgia pour les négociations, à sa facilité remarquable pour gagner les hommes ; ce tyran sans égal savait emprunter le langage de la franchise et de la confiance.

Nicolas Machiavel avait la plus haute estime pour le génie de César Borgia, quoiqu'il lui eût donné beaucoup de fil à retordre lorsque les Florentins l'envoyèrent auprès de lui pour savoir s'ils pouvaient compter sur la paix, à quoi César ne répondit ni oui ni non, en jouant ironiquement avec le manche ciselé de son poignard et en évitant habilement les coups de sonde que le secrétaire de la république florentine, resté fort perplexe, jetait en vain au fond de ses intentions, au fond de son abîme de perversité. Non content d'avoir choisi César Borgia comme le modèle des *princes nouveaux* qui, au quinzième siècle, par des coups d'État et des meurtres savants, par la ruse et la violence, cherchaient à établir leur domination sur les petits États de l'Italie, Machiavel le déclare encore impeccable, l'absout de toute faute. Ainsi après avoir énuméré tous les crimes de César, après avoir constaté qu'il détruisit la race de tous les seigneurs qu'il avait dépouillés, qu'il en massacra le plus grand nombre et que *peu lui échappèrent*, il ajoute froidement : « En rassemblant toutes les actions du duc, *je ne saurais lui reprocher d'avoir manqué en rien;* il me paraît qu'il mérite qu'on le propose, comme je l'ai fait, pour modèle à tous ceux qui, par la fortune ou par les armes d'autrui, sont arrivés à la souveraineté... Sa conduite ne pouvait pas être différente. »

Et cependant ce *prince nouveau*, ce tigre doublé de renard, ce rusé César Borgia se laissa jouer par-dessous jambe par un capitaine d'aventure comme Gonzalve de Cordoue.

XIV

Rien de bête en réalité comme la tyrannie : il y a toujours dans les événements un imprévu qui la dépiste et la déroute; aussi César Borgia disait-il à Machiavel qu'il croyait avoir pensé à tout ce qui pourrait arriver au moment de la mort de son père, mais qu'il n'avait pas songé que lors de cet événement il pourrait se trouver lui-même mortellement malade.

En effet, après avoir trompé par une diplomatie de renard Louis XII et les princes italiens, après avoir entassé ruines sur ruines, Pélion sur Ossa, meurtres sur meurtres, Alexandre et César, s'ils n'avaient été pris au trébuchet de leurs propres artifices, eussent probablement fait la conquête de l'Italie, mais pour la perdre aussitôt à la suite de quelque heureuse trame ourdie contre eux; c'est ce qui, sous une apparence formidable, donne un si grand cachet de naïveté au *Prince* de Machiavel, que les diplomates en herbe seuls sont assez simples pour prendre à la lettre et pour admirer.

En deux mots, le but et les moyens des Borgia étaient également odieux. Mettre la violence sous la ruse pour asservir l'Italie, c'était vouer sa vie à une série interminable de crimes, jusqu'au châtiment inévitable. L'Italie regimbait avec la même élasticité sous l'éperon du prince ou sous la pression de la mule du pape; elle ne pouvait oublier encore les gloires et la prospérité de sa grande république; la mémoire de son histoire la constituait à l'état d'éternelle révoltée contre les tyrannies politiques et religieuses, surtout contre ce pouvoir papal, également dangereux pour les rois de l'Europe et pour les Italiens, que la noblesse romaine avait longtemps contenu dans de sages limites en le subordonnant au pouvoir civil.

Vainement M. Petruccelli, dont la sagacité habituelle nous paraît cette fois en défaut, voudrait nous faire admettre que la conduite criminelle d'Alexandre VI fut un moyen politique, qu'il étouffa le pape sous le prince, qu'il eut la haine de l'étranger et l'amour de l'indépendance de l'Italie.

Cette théorie erronée qui consiste à transformer certains princes en amis des nations, à excuser ou à pallier leurs crimes que l'on transforme en moyens d'unité et d'indépendance favorables aux destinées des peuples, est plus que surannée aujourd'hui.

Les princes, unitaires ou non, et les papes, n'ont jamais travaillé que pour eux ; ils aiment les nations comme les tigres aiment leur proie, comme les loups les moutons, pour les croquer.

Alexandre VI, qui avait la nature absorbante et vertigineuse de l'abîme, n'eut d'autre but, en commettant ses crimes, que la satisfaction de ses ignobles passions et l'établissement de la puissance politique de sa famille. Il voulait la faire régner despotiquement sur l'Italie.

XV

La papauté ne pouvait qu'asservir politiquement l'Italie. Jules II, ce pape belliqueux, qui se modela sur Jules César, et comme général ne fut pas trop indigne de son prédécesseur, car il chassa les Français de l'Italie et excommunia Louis XII, n'avait pas encore purgé à sa mort le sol de sa patrie des *Barbares*, comme il appelait avec raison les Français, les Allemands, les Espagnols et les Suisses. Que faisaient les coups de lance aux étrangers lorsque le catholicisme les appelait irrésistiblement à Rome ?

Il fallait des citoyens pour délivrer l'Italie, et non de petits despotes comme César Borgia, encore moins un pape qui, en liant l'Europe à sa chaire, forçait les nations catholiques à devenir ultramontaines, à surveiller attentivement l'Italie dans l'intérêt de leur propre sûreté, afin que le chef de la catholicité ne fût pas le truchement d'une politique hostile à la leur, ou le jouet d'une faction.

Malgré leurs grandes qualités, leur volonté énergique, les plus grands papes, les Grégoire VII et les Jules II, ne firent que du mal à l'Italie, car leur puissance temporelle menaçait les libertés de la Péninsule, de même que leurs armes spirituelles étaient une épée de Damoclès tournée contre les peuples de l'Europe et sans cesse suspendue sur la tête de leurs chefs. Les foudres que le pape lançait du haut de la chaire de Saint-Pierre renvoyées par des courants d'électricité contraires, revenaient frapper l'Italie au cœur.

Les deux grands despotismes temporel et spirituel qui tinrent si longtemps l'homme esclave et la femme à genoux en éteignant leur vigueur morale et en paralysant leurs facultés, la papauté et la monarchie ayant le même but : l'asservissement de l'esprit et du corps, la soumission de l'espèce humaine à leur domination, devaient tôt ou tard s'entendre, se réconcilier, lier leurs efforts, car la monarchie, pour magnétiser les peuples ignorants, avait besoin de la sanction spirituelle *d'en haut*, de la consécration du représentant du *royaume céleste;* et, de son côté, la papauté ne se croyant pas assise assez solidement sur la révélation chrétienne avait toujours senti, non sans quelque raison, que le pouvoir temporel était nécessaire à son existence spirituelle pour réduire au néant et au martyre les audacieux hérétiques, tous les raisonneurs qui révoqueraient en doute son infaillibilité ! Ces deux *moitiés de Dieu*, le pape et l'empereur, suivant l'expression saisissante de Victor Hugo dans *Hernani*, étaient donc irrésistiblement attirées l'une vers l'autre, appelées à une jonction, à une réconciliation, à une action commune. Ces anciennes ennemies, l'unité théocratique de Grégoire VII et l'unité impériale de Charlemagne et d'Henri IV d'Allemagne, contractèrent un mariage de raison pour résister au peuple de penseurs qui se levait furieux devant eux.

Après la malheureuse expérience de domination universelle faite par Grégoire VII au nom de la théocratie pure, par Alexandre VI au nom de la religion unie au machiavélisme politique, par Jules II au nom de l'Église militaire, la papauté reconnut son impuissance à fonder en Italie et en Europe son omnipotence par ses seules forces. En vertu de concordats Léon X s'associa à Charles-Quint et à François Ier, les Pie à Philippe II.

Papes et rois se donnèrent la main sur les ruines de la féodalité et de la liberté. Sombre écueil, douloureux naufrage! Les aspirations humanitaires du christianisme se pétrifient dans un catholicisme pontifical et inquisitorial; les élans d'indépendance sortis des âmes des seigneurs et des cœurs des manants sont également comprimés entre les murs de l'Église et ceux de la monarchie. Deux prisons et deux maîtres : l'un au palais, l'autre à la cathédrale; Sixte-Quint au Vatican,

Philippe II à l'Escurial ; au-dessous d'eux des populations prises au double piége des despotismes temporel et spirituel, du jésuitisme et du militarisme, du servage et de l'inquisition.

Heureusement les sciences philosophiques et naturelles, l'art et le libre examen de la féconde Renaissance vont donner à l'homme de nouvelles puissances, lui permettre de résister avec quelque avantage, dès l'aurore du seizième siècle, à l'action destructive de la papauté et de l'empire coalisés contre le droit, la raison et la liberté.

CINQUIÈME PARTIE

MADAME OLYMPE

(DONA OLIMPIA)

MADAME OLYMPE

(DONA OLIMPIA)

I

Un abbé italien, l'abbé Gualdi, a publié au siècle dernier un livre curieux dont le titre est significatif : *la Vie de dona Olimpia qui a gouverné l'Église durant le pontificat d'Innocent X, de 1644 jusqu'à l'an 1655.*

A la bonne heure, voilà de la franchise ! Et ce n'est pas un hérétique, un philosophe qui publie que l'Église et les papes ont été gouvernés par des femmes dissolues, c'est un abbé très-orthodoxe.

M. Petruccelli appelle madame Olympe, belle-sœur et maîtresse d'Innocent X, une *femme-éponge*. En effet, pour satisfaire sa sordidité, son épouvantable avarice, son amour de l'or, elle trafiqua de tout, des indulgences et des dispenses; elle vendit et loua; elle mit à l'enchère les bénéfices et les dignités ecclésiastiques; elle augmenta à son profit les impôts, la taille et la gabelle; elle eut la main dans tous les trésors; elle vola des pierreries, des bijoux; elle spolia même les ornements sacrés des couvents et des églises. En se présentant avec un sac de doublons à la main, on obtenait tout de la papesse Olimpia. Les évêchés, les chapeaux de cardinaux étaient au plus offrant et dernier enchérisseur.

Quand on faisait quelque allusion à son avarice, la belle Olimpia répliquait que les dames étaient faites pour amasser et non pour dépenser.

Dona Olimpia (Maidalchini-Pamfili) s'attacha à la fortune de son beau-frère, Jean-Baptiste Pamfili, dès qu'elle le vit revêtir la robe de pourpre du cardinalat. Déjà elle vivait dans l'intimité avec lui, et elle n'aspirait qu'à deux choses, à enterrer son mari qui la gênait dans ses relations adultérines avec Pamfili et à voir son amant monter dans la chaire de Saint-Pierre.

II

Après la mort d'Urbain VIII, elle remua ciel et terre pour influencer le conclave et déterminer les cardinaux à élire son beau-frère.

La veille de l'entrée au conclave, elle dit au cardinal Pamfili :

« Peut-être vous verrai-je pape, et non plus cardinal.

— Pourvu que vous fussiez papesse, je ne me soucierais point d'être pape, répondit humblement Pamfili. »

C'était la condition du marché. Innocent X tint religieusement la parole donnée par le cardinal Pamfili. Pendant la durée de son pontificat, il laissa la papesse gouverner l'Église comme elle l'entendait, à tel point que l'on craignait de voir dégénérer en schisme ce scandale, cette honte publique du saint-siége.

« Il est bien vrai, dit l'abbé Gualdi, l'auteur de la *Vie de dona Olimpia*, que c'était un véritable schisme de voir une femme devenue pape et un pape devenu femme. »

Au Vatican, on n'entendait que ces paroles : « *Parlez à madame Olympe.* » Ou bien : « *Que va lire madame Olympe ?* »

Rien ne se faisait en dehors de la papesse Olimpia ; elle gouvernait absolument les affaires intérieures et extérieures de l'Église, réformant ou corrigeant les décrets des souverains pontifes qui avaient précédé Innocent X, falsifiant les écritures de celui-ci, dictant la loi aux conseils, supprimant deux mille petits couvents pour s'en approprier les biens, traitant avec les princes catholiques, recevant les ambassadeurs, conférant les titres et les dignités, concluant les grandes alliances internationales. Mais traités, honneurs, mariages, n'étaient déterminés que par l'importance des sommes d'argent versées dans la cassette de dona Olimpia ; aussi n'abordait-on qu'avec des arguments sonnants et ayant cours cette papesse qui fit régner au Vatican l'avarice, la concussion et la simonie.

Connaissant la rapacité d'Olimpia, les neveux d'Urbain VIII, les Barbarini, qui avaient volé 105 millions sous le dernier pontificat, et à qui Innocent X, appuyé par les princes italiens et par l'Espagne, voulait faire rendre gorge, eurent l'heureuse idée d'acheter fort cher la protection de la papesse. Elle fit cesser les poursuites commencées contre ces voleurs, protégés d'ailleurs par

Mazarin et la reine de France; tous leurs biens saisis leur furent rendus, malgré la résistance d'Innocent X.

Mais le pape ne comptait pour rien. Selon la spirituelle expression de l'abbé Gualdi, c'était une femme plutôt qu'un pape. Le cardinal Barberini l'avait bien caractérisé en disant après son élection : « *Il sera bon pape pour les femmes!* » Du reste, il avait toujours été débauché, toujours fou des femmes, et il en avait les faiblesses, les mauvais côtés. Il aimait les petites choses, les détails de l'intérieur, les dissimulations, les commérages, les jouissances de l'alcôve. Ce voluptueux mal bâti, goutteux, podagre, vivait entre deux femmes, quoiqu'il préférât son idole Olimpia.

La papesse, qui était peut-être lasse de ses adorations fatigantes et vieillotes, lui avait passé une maîtresse, mais une maîtresse qui payait généreusement, la princesse de Rossano, héritière des biens de Clément VIII et de la maison Aldobrandino. Quand des orages s'élevaient entre la princesse et dona Olimpia, Sa Béatitude Innocent X recevait le contre-coup du tonnerre et s'interposait pour les réconcilier. Méprisable et méprisé de ces deux femmes, elles fermaient l'oreille à ses remontrances.

III

La généreuse princesse de Rossano ne manquait jamais l'occasion de flageller l'avarice de dona Olimpia, lui donnant une montre fort riche quand celle-ci lui demandait l'heure, lui faisant des cadeaux accompagnés de vives épigrammes. Comme le pape, la papesse acceptait injures et cadeaux.

Un jour la princesse laissa sur la table de jeu de dona Olimpia 300 doublons qu'elle lui avait gagnés en s'écriant :

« C'est pour les cartes ! »

Une autre fois, dînant avec la papesse, la Rossano lui fit offrir, au dessert, une corbeille en argent contenant une fontaine en argent magnifiquement ciselée et ornée.

Olimpia recevait de toutes les mains. L'ambassadeur de Venise, en envoyant un anneau pontifical à Innocent X, y joignit un billet de 15,000 doublons pour la papesse.

Olimpia avait rendu le pape avare, sordide ; elle avait déteint sur lui ; aussi Innocent X ne fut-il jamais plus heureux que le jour où la princesse de

Rossano le rendit propriétaire de sa superbe villa de Monte-Dragone.

Ce pape esclave d'une femme vicieuse, l'adorant à ce point, dit Bruys, qu'il pouvait tout dissimuler, sauf son amour pour elle, ce souverain pontife qui laissa occuper le pontificat par sa maîtresse, lui permettant de gérer les affaires politiques et religieuses, de trafiquer à son gré des charges civiles et ecclésiastiques, ce pape méprisé et méprisable fut honteusement abandonné, à sa mort, de la créature à laquelle il avait tout sacrifié pendant sa vie.

IV

Personne ne voulait payer les frais de l'enterrement d'Innocent X. Dona Olimpia criait à tue-tête qu'elle était ruinée, qu'elle était une pauvre veuve n'ayant pas de quoi payer les frais des funérailles d'Innocent X.

« Le pape n'a pas encore été enseveli, écrivait Riccardi, l'ambassadeur de Toscane. Don Camillo dit qu'il n'a rien reçu du pape, dona Olimpia, qu'elle n'est pas héritière, et n'y ayant pas un diable qui voulût se charger de la dépense, Sa

Béatitude reste là dans un coin, dans une misérable bière. »

Enfin, pour que la leçon fût complète, ce fut un pauvre chanoine disgracié par la papesse qui se chargea de solder les frais des funérailles d'Innocent X.

D'après les dépêches de Carreto et de Costa au duc de Savoie, « les funérailles furent misérables : de rares chandelles, au lieu de torches, pour ne pas abîmer la voûte de Saint-Pierre, disait-on, en réalité par le fait de l'avarice des parents. On ne fit pas de cercueil; et l'on rangea le cadavre dans la chambre des ouvriers, avec deux chandelles de suif, sans garde la nuit. »

N'est-ce pas le cas de répéter les paroles qu'on prête à Innocent X à son lit d'agonie, le 7 janvier 1655 :

« Vous voyez où vont aboutir toutes les grandeurs pontificales ! »

Il eût mieux dit : *les bassesses et les corruptions pontificales!*

V

Le mépris que le peuple romain montra à son enterrement ne fut pas équivoque. Il flétrit justement un pape simoniaque et débauché, tout entier aux caprices, aux vices d'une femme dégradée, qui n'eut d'énergie que pour combattre les cinq propositions de Jansénius, « sans avoir eu l'ennui de lire son livre, » affirme Voltaire.

Quant à la papesse Olimpia, qui, bien au-dessous des Marozia, des Théodora, de la comtesse Mathilde, ne songea jamais à l'Italie, n'eut ni idées ni vues politiques, quant à cette triste courtisane de l'Église, elle mourut à Orvieto, après avoir été maltraitée et repoussée par Alexandre VII.

Cette peste immorale de Rome et de l'Italie, cette pourriture vivante fut frappée de la peste, et ses immenses richesses, son héritage de plus de deux millions, tous ses trésors amassés et spoliés passèrent au pape Alexandre VII.

SIXIÈME PARTIE

MARIE-MAGDELEINE

(L'AMANTE DU CHRIST)

MARIE-MAGDELEINE

(L'AMANTE DU CHRIST)

I

Quelques auteurs ont prêté à Marie-Magdeleine (Marie, du bourg de Madgdala), inspirée par le démon, la mauvaise pensée de séduire le Christ et en ont fait une courtisane. On sait qu'entre autres hérésies les Albigeois ne craignaient pas d'affirmer que Magdeleine avait eu des complaisances criminelles pour Jésus.

Dans les Évangiles, le Christ n'a que des paroles de tendresse et d'affection pour les êtres simples, pour les femmes et pour les enfants. Un jour il relève la femme adultère, il la sauve du terrible châtiment infligé par la loi hébraïque aux coupables d'adultère : la lapidation. « Que celui d'entre vous qui est sans péché lui jette la première pierre. » Un autre jour il défend la pécheresse contre les siens en disant « qu'il lui serait remis beaucoup de péchés, parce qu'elle avait beaucoup aimé. » Cette théorie d'indulgence infinie pour la femme, déclarée impeccable, n'a pas peu contribué à gagner les cœurs féminins au christianisme. Jésus ne s'est montré dur qu'envers sa mère. Suivant M. Renan, Marie aurait été plus qu'indifférente pour son fils.

Les Galiléennes reconnaissantes prodiguèrent à Jésus, pendant sa vie, les hommages, les tendresses, les soins et le dévouement. Les plus riches, comme Marie de Magdala, mirent une partie de leur fortune à sa disposition ; les plus pauvres le suivirent en écoutant avec admiration sa parole, en l'adorant comme un dieu. D'ailleurs Jésus avait le talent d'exciter leur enthousiasme. Il gagna la Samaritaine en lui enseignant à adorer le « Père en esprit et en vérité. » D'autre part, il n'est pas de roman plus intéressant, d'épisode plus touchant dans l'Évangile que les relations de Jésus et de Marie-Magdeleine. Qu'était cependant cette femme? L'Évangile le dit : *Mulier in civitate peccatrix*, une pécheresse dans la cité. Elle était livrée à l'orgueil et à la luxure. Les évangélistes expriment éloquemment sa situation morale en affirmant qu'elle avait sept démons dans le cœur. Un jour cette héroïne galante entend parler d'un nouveau prophète qui, pieds nus, parcourt la Galilée en annonçant que les temps sont proches et en appelant les hommes à une nouvelle vie de l'esprit. La curiosité la saisit ; elle quitte ses nombreux adorateurs et va au-devant de l'inconnu, nourrissant peut-être l'espoir de le soumettre à la puissance de sa beauté. Mais, bien loin de séduire, c'est elle qui est séduite par le regard du maître, dont la vive et limpide lumière la pénètre jusqu'aux os. Alors on voit la coquette et l'orgueilleuse sacrifier ses attraits, le lin de sa blonde chevelure, et tomber aux pieds de Jésus en versant d'abondantes larmes. La voluptueuse Marie de Magdala recherchera désormais la douleur, la pauvreté, le martyre, avec l'ardeur qu'elle a mise à désirer et à savourer les jouissances matérielles, les richesses, les flatteries des courtisans. Ici finit le paganisme et commence le christianisme. Le moyen-âge laid, disgracieux, amant de la douleur, apparaît à travers les temps. L'humanité doit dire adieu aux grâces de Vénus, aux sensuelles odalisques du harem de Salomon qui contenait « soixante épouses, des concubines et des jeunes filles sans nombre. » La belle Sulamite ne célébrera plus les joies et la puissance invincible de l'amour terrestre. Madeleine torturera sa chair, et à son exemple l'humanité des temps barbares et le moyen âge, jusqu'à ce que l'éternel paganisme sorte de terre à la Renaissance, jusqu'à ce que ressuscitent la Nature et la Vie, niées par le christianisme et par les Madeleines repentantes !

II

Revenons au cœur de notre sujet. Marie de Magdala a-t-elle été une tentatrice, une séductrice pour le Christ ? N'a-t-elle pas mêlé beaucoup d'amour profane à l'amour spirituel, et cherché à passionner Jésus ? Il est fort difficile de ne pas le croire quand on voit le pharisien Simon et les disciples eux-mêmes, scandalisés par la conduite et l'attitude étrange de cette *pécheresse de la cité* qui donne au Christ les témoignages les plus emportés de l'amour, oignant sa tête de parfums, baisant ses pieds, les arrosant de nard et les essuyant avec ses cheveux.

Marie-Magdeleine suivit en tous lieux le Christ; elle ne l'abandonna qu'au tombeau. On la voit dans le groupe des femmes fidèles à la mauvaise fortune de Jésus, qui se tiennent devant la croix où il agonise, en compagnie de Marie Cléophas, Jeanne, femme de Khouza, de Salomé et de quelques autres Galiléennes.

Les catholiques les plus austères avouent la tendre affection de Marie de Magdala pour Jésus, qui de son côté a eu un sentiment de vive amitié pour la pécheresse convertie. C'est ce qu'exprime éloquemment le R. P. Lacordaire dans son livre sur *sainte Marie-Madeleine*.

« ..... Aucune amitié, écrit le R. P. Lacordaire, n'a commencé comme celle-ci. Du sein de l'abjection la plus profonde où puisse tomber son sexe, une femme lève les yeux vers la pureté divine et ne désespère pas de la beauté de son âme. Pécheresse encore, elle a reconnu Dieu dans la chair du Fils de l'homme, et, toute couverte de sa honte, elle conçoit la pensée d'arriver jusqu'à lui. Elle prend dans un vase d'albâtre, symbole de lumière, un parfum précieux. Peut-être était-ce le vase où elle avait puisé jusque-là le relief de ses criminels attraits, et ce parfum qu'elle emporte pour un autre usage, peut-être y avait-elle cherché pour elle-même un accroissement de ses honteux plaisirs. Elle *avait tout profané*, et elle ne pouvait présenter à Dieu *que des ruines.....* »

M. Ernest Renan fait de la Magdaléenne une

personne exaltée, passionnée, épileptique, langoureuse, douée d'*instincts* spéculatifs (?), que la beauté *pure et douce de Jésus calma*. M. Renan, qui a écrit que le christianisme fut surtout un *mouvement de femmes*, et que Jésus « fut sans doute plus aimé qu'il n'aima, » admet donc l'existence d'un amour platonique entre Jésus et Marie de Magdala, ou tout au moins la réalité de ce sentiment dans le cœur de la pécheresse.

M. Salvador dit au premier volume de *Jésus-Christ et sa doctrine :*

« Le fils de Marie vivait des libéralités dues à plusieurs femmes guéries par sa puissance de leurs vices ou de leurs maux, entre autres des libéralités dues à la *riche courtisane Magdeleine*, ainsi nommée du petit bourg de Magdala, et à l'épouse de l'intendant du tétrarque. »

Quant aux catholiques, tout en reconnaissant la tendre amitié de Jésus pour Marie, ils nient en même temps avec un dédain trop naïf de la contradiction, que Jésus ait pu être tenté par la beauté de Marie de Magdala.

Il nous semble pourtant que dans ce poëme admirable de Jésus et de la Magdaléenne, les sens n'ont pas été vaincus sans lutte et n'ont pas cédé immédiatement la victoire à l'influence spirituelle de la beauté morale. L'idéal de Jésus, qui avait pour objet le royaume de Dieu et rejetait la félicité hors de la vie terrestre, triompha de la séduction féminine aussi bien que des suggestions ambitieuses attribuées par la tradition à Satan. Mais nier la lutte intérieure, la tentation, c'est nier la nature humaine; aussi un certain nombre de docteurs catholiques se sont-ils trouvés en contradiction avec l'Église sur ce point délicat. L'abbé de la Baume, entre autres, fut foudroyé pour avoir osé écrire que Magdeleine, qu'il qualifie d'*amante du Christ*, avait cherché à séduire Jésus. Son livre, qui a pour titre : la *Christiade, ou le Paradis reconquis, pour servir de suite au Paradis perdu de Milton*, fut condamné à être lacéré et brûlé par les exécuteurs de la haute justice, en vertu d'un arrêt du parlement rendu le 10 avril 1756.

Ce ne fut pas sans émotion que je lus à la bibliothèque sur l'exemplaire de la *Christiade* de l'abbé de la Baume ces trois mots terribles, surmontés d'une croix, qui formaient l'épitaphe de tous les livres condamnés ou réprouvés par l'Église : *Requiescat in pace!*

Non! il ne reposera pas en paix avec les morts, cet éloquent livre de la *Christiade*; nous allons le sortir de son suaire; il est digne de voir la lumière et de prendre rang parmi nos meilleures œuvres littéraires.

A l'apparition de la *Christiade* de l'abbé de la Baume, un grand nombre de catholiques se déchaînèrent contre l'abbé de la Baume et stygmatisèrent son poëme, dans lequel le parlement devait trouver deux hérésies : la tentation de Jésus par la volupté, et une tendance à proclamer l'infaillibilité des papes.

III

Des *ordres respectables* retinrent pendant quelques mois la réplique de l'abbé de la Beaume ; mais devant le *tolle* de l'Église, il rompit le silence et défendit dignement et courageusement son œuvre, afin de prévenir sa condamnation devant le parlement, que faisait pressentir la dénonciation du rédacteur des *Nouvelles ecclésiastiques*.

Faire tenter Jésus-Christ par ses sens, c'était là une hardiesse difficile à justifier au point de vue catholique. L'abbé de la Baume n'en fuit pas le danger. Il aborde franchement la question et répond ainsi à son adversaire :

Nous voici enfin arrivés, dit l'abbé de la Baume, à ce fameux épisode de la Magdeleine qui révolte tant certains esprits, et qui excite si fort la bile du nouvelliste ecclésiastique et le zèle du journaliste.

Une pécheresse, qui au rapport de saint Marc avait sept démons dans le cœur encore plus que dans le corps, n'était-elle pas capable des plus grands excès, et les démons, tout respectueux que le nouvelliste les suppose envers Jésus-Christ, sont sans contredit capables de former les plus noirs projets et les intrigues les plus infâmes pour parvenir à leurs fins. Qu'ils n'aient pas tenté Jésus-Christ par les passions impures et surtout par ce vice que l'Apôtre défend de nommer, je conviens du fait avec les saints Pères, et je suis d'accord avec eux que le Seigneur n'a pas permis qu'on lui ait attribué la moindre chose contre la pureté même par calomnie, et moins encore qu'on l'ait tenté dans cet article; aussi ne l'est-il pas dans l'épisode de la Magdeleine.

Mais les saints Pères, qui ont dit que Jésus-Christ n'avait point été tenté et n'avait pas permis qu'on le tentât, ont-ils déclaré qu'il n'était pas tentable et tentable par une suggestion de l'esprit infernal? Certainement si les démons ne l'avaient pas cru tentable du côté des passions et des sens, ils l'auraient cru impeccable et Dieu par conséquent; s'ils l'avaient cru Dieu, ils auraient pu reconnaître l'union hypostatique du Verbe à la nature humaine, et de cette connaissance il eût résulté un respect et une crainte qui eussent empêché les démons de le tenter non-seulement par les passions et par les sens, et moins encore par toute autre voie.

Mais que le nouvelliste et le charitable journaliste fassent ici attention à la qualité des acteurs qui forment le projet de tenter Jésus-Christ par les passions. Ces acteurs sont les démons qui, voyant absoudre une femme adultère dans le temple au mépris de la loi qui la condamne, et ne pouvant pénétrer le mystère de la miséricorde et de la grâce du Messie, nouveau législateur d'Israël, croient que cette indulgence, qu'ils regardent avec les pharisiens comme une prévarication manifeste et un crime énorme, n'a pour principe que le déréglement du cœur, le relâchement et la corruption des mœurs. De là, ne le connaissant pas pour un Dieu et ne voyant en lui qu'un homme, ils en infèrent ce que naturellement on pourrait penser de tout ministre qui contreviendrait à la loi dans le tribunal des consciences, et conséquemment ils forment le projet de lui opposer Magdeleine pour connaître s'il sera sensible aux attraits de la volupté.

Or je ne vois pas où est la témérité et l'indécence du projet formé par les démons : ils tentent ouvertement Jésus-Christ par des objets d'ambition et de vaine gloire, et par l'appât des biens et des richesses de ce monde, est-il moins indécent de le tenter par l'ambition que par la volupté ? L'ambition, pour être une passion plus noble que la volupté, en est-elle moins une passion et une passion souvent plus détestable devant Dieu et devant les hommes par les excès où elle entraîne et les crimes qu'elle fait commettre? L'attrait du plaisir étant plus naturel au cœur humain que toutes les autres passions qui sont subordonnées à cet attrait, et n'ont que lui pour objet et pour fin, un homme qui peut devenir ambitieux ne peut-il pas à plus forte raison devenir impudique, selon cette maxime de saint Jacques qui dit : *Que qui pèche en un point est coupable de tous les autres; car,* poursuit-il, *le même législateur qui a dit : Vous ne commettrez point de fornication, a dit aussi : Vous ne commettrez point de meurtre; que si vous commettez le meurtre en vous abstenant de la fornication, êtes-vous moins transgresseur de la loi?* Si les démons avaient pu faire de Jésus-Christ un ambitieux, n'en auraient-ils pas pu faire un voluptueux, dès qu'ils le regardaient comme un homme peccable et qu'ils l'accusaient, même par la bouche des Pharisiens, d'être un homme adonné à la gourmandise *et d'aimer la bonne chair et le vin?* Or je ne vois pas la démence et la témérité de l'indécence, je dis plus du sacrilège et de l'impiété, à vouloir tenter Dieu en le connaissant comme tel. Mais un Dieu caché, un Dieu revêtu de l'humanité était un homme comme tous les autres, sous la ressemblance de la chair du péché, et pouvait bien par conséquent être tenté comme saint Paul dit que Jésus-Christ l'a été par toute chose. La tentation n'ôte rien à la vertu de celui contre lequel elle est employée, elle ne sert qu'à lui donner un nouvel éclat; elle est une injure au Christ de la part du Tentateur, par l'idée et le soupçon qu'il forme de pouvoir vaincre cette vertu et en triompher; mais cette injure idéale devient un triomphe réel, par la victoire que la vertu soupçonnée remporte sur le Tentateur impuissant et confus. Or faisant former au démon le projet de tenter Jésus-Christ par les passions, la sainteté de l'Homme-Dieu n'est-elle pas ménagée? Avec quelle précaution les démons y procèdent-ils? Magdeleine étant une de ces femmes mondaines qui ne se refusent à aucune sorte de volupté honnête, ne pouvait être piquée de gagner le cœur du Sauveur, parce qu'il était un homme pauvre, obscur, et qu'elle ne connaissait guère que par le bruit que faisaient ses miracles. Ainsi elle est loin d'être touchée des charmes extérieurs de ce Messie adorable, jusqu'au moment que Bélial le lui présente à l'imagination comme un homme au-dessus de l'humanité par la puissance divine qu'il a en main; et dès lors un amour de vanité suggéré par ce démon lui fait désirer de s'attirer un regard de cet homme incomparable, regard qu'elle apprécie comme un hommage tacite dû à sa beauté. La confidence qu'elle va faire de ce projet à Marthe sa sœur ne lui mérite de sa part qu'indignation, que courroux, que pitié, et enfin Marthe, adoucie et comme entraînée par les raisons spécieuses que Magdeleine lui apporte : « Qu'elle ne veut s'attirer un regard de Jésus-Christ sans autre but que d'avoir mérité l'attention du plus héroïque de tous les hommes et de voir par là sa vanité comblée. » Si Marthe inspirée d'en haut lui conseille de sacrifier tous ses amants profanes à cet homme divin pour lequel elle soupire sans s'en apercevoir, cette pieuse sœur, dont la morale est digne d'une véritable chrétienne, ne conduit-elle pas insensiblement Magdeleine au sacrifice de ses passions et à la rupture des liens de l'habitude ? Sacrifice si nécessaire pour attirer le regard de Jésus Christ et sa grâce. Ce conseil charitable que Magdeleine suit, quoique toujours préoccupée de son illusion, ne la met-il pas en état de recevoir ce trait de la grâce qui la blesse par le regard de Jésus-Christ ? Du reste ce projet, comme je l'ai déjà dit, n'est qu'une idée des démons : ils l'enfantent dans leur conseil, ils le glissent par illusion dans la tête d'une femme mondaine qui sacrifie tout à sa vanité. Ce projet ne sort pas même de la tête de cette femme, il y naît et il y meurt ; nuls propos, nuls discours, nulle entrevue entre Jésus-Christ et Magdeleine. Tout le fruit que cette pécheresse retire de ce projet de vanité est un trait de la grâce qui la blesse et qui la rend véritablement l'amante de Jésus-Christ et l'héroïne de la Croix.

Qu'on juge après cela si le journaliste qui m'accuse de plagiat et d'avoir pris cet épisode dans Menot a raison. Le rôle qu'elle joue dans la *Christiade* est précisément l'opposé de celui qu'elle joue dans le sermon de Menot. Le rôle de Magdeleine dans la *Christiade* est également composé sur la décence et sur la vraisemblance, au milieu même de l'illusion que lui fait Bélial, en lui inspirant un amour de vanité qui ne demande pour tout retour qu'un simple regard. Si j'avais suivi Menot et que j'eusse voulu me donner carrière sur le terme de *Mulier peccatrix*, pris dans toute sa signification, peut-être aurais-je passé les bornes de cette pudeur et de cette honnêteté que notre langue, la plus chaste des langues vivantes, exige dans ses expressions et dans ses images. Mais je n'ai jamais perdu de vue et les respects que je devais à Jésus-Christ comme Dieu et comme homme, revêtu des faiblesses de l'homme, et les égards dus à Magdeleine, soit comme pécheresse que l'amour profane avait égarée, soit comme pénitente que l'amour sacré a sanctifiée. Si cet épisode, sans contredit le plus délicat de tout l'ouvrage, était le délire d'une imagination licencieuse, s'il tournait gratuitement au scandale de la foi et à la corruption des mœurs, comme le gazetier et le journaliste le supposent, si on trouvait des leçons d'un amour impur, et une sœur qui indiquât un amant à sa sœur, comme dans Menot, on pourrait s'écrier avec le nouvelliste et avec les pharisiens anciens et modernes : quelle imprudence ! quelle impiété !

Mais si cet épisode n'a pour but que de faire connaître d'abord les égarements de la vanité dans une femme qui fait servir toutes ses passions à la satisfaire, et ensuite de faire remarquer le trait puissant de la grâce qui la blesse et qui l'arrache à ses passions, n'est-ce pas une leçon que je donne? Si je présente Magdeleine d'abord enivrée de ce délire commun à tant de personnes de son sexe, et ensuite dans les saints transports de l'amour divin qui l'enflamme, que fais-je plus que la plupart de nos prédicateurs qui la présentent à leurs auditeurs comme une femme mondaine, d'abord pécheresse, puis pénitente. L'Évangile même ne fait mention de sa vie licencieuse que par un trait qui dit tout :

Mulier in civitate peccatrix.

Après la condamnation du parlement vouant la *Christiade* aux flammes, l'abbé de la Baume se renferma dans la dignité du silence. Mais cette publication témoigne qu'un parti dans l'Église croyait à la courtisane de l'Évangile, à la tentation de Jésus par la Magdaléenne. D'ailleurs les sermons d'un certain nombre de prédicateurs catholiques, de Menot le premier, sont émaillés d'allusions souvent licencieuses et grossières aux relations du Christ et de Marie de Magdala. Pour les catholiques austères, Marie reste l'*amante* spirituelle du Christ, l'héroïne de la grâce. Tel est le sentiment de Massillon dans ses sermons sur Marie-Magdeleine ; mais un certain nombre de docteurs, de croyants et de prédicateurs catholiques ont cru et affirmé que la *partie humaine* de Jésus fut tentée par la beauté de la Magdaléenne, comme on le verra par l'examen des sermons de Michel Menot et des poëmes qu'inspira l'amante du Christ.

IV

Le célèbre prédicateur de la fin du quatorzième siècle et du commencement du quinzième, le cordelier Michel Menot, avait cette éloquence qu'on a qualifiée de *macaronique*, et qui consistait à mêler à des sujets sacrés et élevés, comme les épisodes de la vie du Christ et les principales scènes de l'Évangile, des bouffonneries, des grossièretés, des satires du temps, des anecdotes familières, des interpellations aux auditeurs, des sorties grotesques. Il n'est pas rare que Michel Menot s'interrompe au milieu de ses sermons pour gourmander dans un langage de halle ses ouailles, et leur reprocher leurs vices. Ne se piquant pas de galanterie, il brutalise les femmes de son époque, les qualifie fort souvent de coquettes, de corruptrices, et leur applique beaucoup d'autres épithètes qu'on ne saurait décemment imprimer. Menot tirait de fort beaux effets de ces familiarités populaires, qui tempéraient ce que les sujets religieux avaient de trop abstrait, de trop grave, pour un auditoire peu érudit. Il faisait du Christ un homme du peuple, et revêtait les saints des costumes que portaient les hommes de son temps. Il mêlait tout : le sacré et le profane, le latin qui *dans les mots brave l'honnêteté* au pudique langage français, l'Évangile et les mœurs du quinzième siècle. Ses prédications sont de curieuses mosaïques. Veut-il désigner, par exemple, une pourvoyeuse de débauches, voici en quel langage il la peint et le sort qu'il lui prédit :

« Est una macquerella, quæ posuit multas puellas *au mestier*, ad malum ; *elle s'en ira le grant galop* ad omnes dyabolos. Est-ne totum? Non, non ; *elle n'en aura pas si bon marché*, non habebit tam bonum forum ; sed omnes, quas incitavit ad malum, servient ei *de bourrées et de cotterets pour luy chauffer ses trente costes.* »

Donnons quelques exemples des excentricités et des bouffonneries de Menot dans ses sermons sur la Passion de Jésus-Christ. Jésus se met à genoux devant sa mère et lui dit :

« O dame d'honneur, pleine de toute bonte, purete et innocence, pucelle esclave de Dieu mon Pere ! O creature que j'ayme sur toutes creatures, j'ay ete avec vous l'espace de trente trois ans... »

Menot s'écrie quand il considère la mère du Christ aux pieds de la croix :

« O chantez, belles pucelles, quant Marie s'assiet aux pieds de la croix, quelle pleure et souspire, et mene grant douleur. »

Menot prête un langage réaliste, mais très-humain, à Pilate, qui cherche à sauver le Christ en l'abaissant, en le ravalant jusqu'à la *bête brute*. Mais les fanatiques lui répondent par les cris : *Au gibet!* Il leur faut leur victime et leur spectacle :

« Quant ce seroit une beste brute (Jésus), si en devriez avoir pitie. Il vous a presche, il a ressuscite vos morts ; il me semble se il a ne meffait, ne me parle de vous *aliquo modo*, qu'il en est bien puny. *Sed ipsi maledicti averterunt facies suas, dicentes* : Au gibet ! au gibet ! »

Menot éclate en reproches contre Judas abusant de l'immense bonté de Jésus :

« Ha, traistre de Judas, que as-tu fait?... Le plus grand baiseur que jamais fust, ce a este Nostre Seigneur...

« ... O trahison de Judas, et bonte souveraine de Jesus ! Il sçavoit bien *quòd ipse erat*, ung mauvais garson, ung simoniacle, ung paillard, ung yvrogne, et *nihilominùs* ne luy a pas refuse le baiser. »

Dans cette Passion du Christ par Menot, il y a un trait sublime qui donne une idée de sa verve démocratique. En entendant les Juifs se vanter d'avoir outragé et battu le Christ, Pierre pleure et on lui dit :

« Maistre Papelard, tu es des gens de celui la. Pourquoi pleure-tu? Que ne fais-tu aussi bonne chere comme les autres? *Et tunc* il se donna au diable, *in casu si esset.* »

Jamais on n'a mieux peint les deux systèmes qui divisent le genre humain : l'égoïsme repu et le dévouement châtié. « Pourquoi pleures-tu? Que ne fais tu bonne chère comme les autres?... » Les satisfaits de tous les temps ont répété ces paroles aux martyrs de l'idée.

V

Voltaire ne se montre pas favorable à Menot dans son article *Allégories* du *Dictionnaire philosophique*. Cependant les deux citations qu'il emprunte à ses sermons, en altérant quelque peu le texte de la dernière, mettent en contradiction Voltaire avec lui-même, et fournissent une preuve convaincante de la souplesse et de la force du génie du prédicateur. Voici le passage de l'article *Allégories* dont nous parlons :

« Le fameux Menot, qui vivait sous François Ier, a fait le plus d'honneur au style allégorique : — Messieurs de la justice, dit-il, sont comme un chat à qui on aurait commis la garde d'un fromage, de peur qu'il ne soit rongé des souris; un seul coup de dent du chat fera plus de tort au fromage que vingt souris ne pourraient en faire.

« Voici un autre endroit assez curieux : — Les bûcherons, dans une forêt, coupent de grosses et de petites branches et en font des fagots; ainsi mes ecclésiastiques, avec des dispenses de Rome, entassent gros et petits bénéfices. Le chapeau de cardinal est lardé d'évêchés; les évêchés, lardés d'abbayes et de prieurés, et le tout lardé de diables! Il faut que tous les biens de l'Église passent par les trois cordelières de l'*Ave Maria*. Car le *benedicta tu* sont grosses abbayes de bénédictins; *in mulieribus*, c'est monsieur et madame; *et fructus ventris*, ce sont banquets et goinfreries.

« Cette espèce d'éloquence, termine Voltaire, digne des Hurons et des Iroquois, s'est maintenue jusque sous Louis XIII. »

Nous répondons humblement au seigneur de Ferney que Rabelais n'a pas de traits plus brillants que les bûcherons et les messieurs de la justice, de Menot.

Michel Menot prêcha deux fois sur la Magdaléenne : la première fois à Paris le jeudi de la semaine de la Passion, puis à Tours en 1508. Voici quelques extraits de ces sermons latin-français qui sont restés comme la fleur du genre macaronique.

Menot indique d'abord la cause de la perte de Marie-Magdeleine : sa beauté, ses richesses, la mort de son père, son isolement :

« Primùm ergo quod fuit causa hujus mulieris perditionis, fuit elegantia corporalis, *une grande beauté de corps qu'elle avoit*. Videbatur, *qu'elle fust faite pour regarder.* Pulchra, juvenis, alta, *vermeille, pleine,* vermeille comme une rose, mignonne, fringante.

« Habebat homines post se, *force de belles filles de chambre bien équipées.* Ornata pulchris et pretiosis vestibus, lapidibus pretiosis, *joyaux, carcans,* et grossis catenis in collo.

« Secundò, erat domina suorum bonorum. Libertas, *son plaisir la gouvernoit.* Quando pater fuit mortuus, plena erat suâ voluntate. Martha soror non audebat ei dicere verbum, et videbatur ei quòd faciebat magnum honorem illis qui veniebant ad illam. Quicquid faciebat, erat vivere *à son plaisir, faire des banquets,* hodie invitare unum, cras alterum; et sic diem et noctem exponere in ludis et choreis. Et certè, salvo honore nobilitatis, *vela ung très piteux estat pour une jeune dame!* »

Sœur Marthe, qui craint le Seigneur et aime l'honneur de sa famille, sermonne sœur Magdeleine :

« ... Martha soror, timens Deum et amans honorem *de sa lignée, toute honteuse de la honte de sa sœur,* videns quòd omnes loquebantur *de sa sœur et de ses beaulx miracles,* venit ad eam dicens : O soror, si pater adhuc viveret, qui tam vos amabat, et audiret ista quæ per orbem agitantur de vobis; « *certe vous luy mettriez la mort entre les dents.* » Facitis magnum dedecus progeniei nostræ. »

Malgré cette remontrance qui se termine par un éloquent souvenir de famille (j'interprète librement) : « O sœur, si notre père vivait, lui qui vous aimait tant, et qu'il entendît ainsi parler de vous, vous le tueriez! » Magdeleine répond à sa sœur par des injures :

« ... *Et de quoy?* Qui vis dicere? *Les petits enfants en vont à la moutarde. — O bigotte, de quoy vous mellez-vous, belle dame? Et tous les grans diables* (Dieu soit benist! — s'écrie le prédicateur qui vient de jurer) non estis magistra mea. Quis dedit mihi *ceste vaillante dame pour controubler ma vie?* »

Dans le sermon prononcé à Tours, Menot attribue également la prostitution de Magdeleine à sa beauté, à sa coquetterie, à son désir de plaire à des hommes que le prédicateur flétrit d'une épithète ordurière :

« *Elle alloit et venoit et se trouvoit en compaignies.* Et si sciebat hominem sibi placentem, statim habebat *macquereaulx.* O non est mirum *si elle est tombée au bout de son honneur,* istis habitis et consideratis. »

Rappelant cette maxime d'un saint Père : qu'*il vaut mieux voir un démon qu'une femme bien parée,* il interpelle les dévotes qui l'écoutent: Dicetis, *dames!*

Il compare leur coquetterie à celle de la Magdaléenne, et leur fait honte de ces riches robes ouvertes par-devant, que l'on appelait *robes à la grandgore :*

« *O mes dames,* si eam imitatæ estis *en vos gransgorres et pompes,* faciatis sicut ipsa fecit. »

Reprocher aux femmes qui l'écoutaient d'imiter Magdeleine la pécheresse était une hardiesse d'autant plus grande que les mœurs de son temps étaient fort dépravées, et que les dames, ainsi que le dit Menot, vêtues de robes ouvertes jusqu'au ventre, montraient volontiers leurs appas.

Marthe cherche à ramener sa sœur en la tentant par son vice, en lui dépeignant le Christ comme le plus beau galant qu'on ait vu :

« Ecce monstrabo vobis unum *des plus beaulx gallans que* unquam vidisti.

« ... *On va dix et douze lieues après luy pour l'ouyr et pour le veoir, et en oublieroit-on le boire et le manger* propter eum, *tant il est beau,* »

Excitée par ses paroles, la courtisane de l'Évangile revêt ses plus beaux vêtements pour séduire le Christ et présenter son beau museau au Rédempteur !

« ... Et ecce Magdanela *se va despoiller et prendre tant en chemises,* et cæteris indumentis, *les plus dissolus habillements que* unquam fecerat ab ætate septatem annorum. Habebat suas domicellas juxtà se in apparatu mundano; habebat *ses senteurs*, aquas, ad faciendum relucere faciem ad attrahendum illum hominem.

« ... Credatis quòd, visâ dominatione ejus et comitivâ, facta est sibi *place; on a paré le siége* cum panno aureo; et venit se præsentare *face à face son beau museau* ante nostrum Redemptorem ad attrahendum eum *à son plaisir.* »

Mais un regard du Chrit convertit la pécheresse : Mais vela le Saint-Esprit qui la va frapper au cuœur ! » Elle se présente presque nue et échevelée chez le pharisien Simon :

« Illa quasi nuda, non habens non *son corset et sa cotte galli.* »

Elle éclate en sanglots, et répond aux douces exhortations du Christ : « O nunquam ero *paillarde, jamays je n'y retournere.* »

« Désormais, termine Menot, la belle pécheresse, touchée de la grâce du Christ, couchera sur les ronces et sur les pierres sans se *despoiller* (se dépouiller, se déshabiller). »

VI

Le sermon sur la Magdaléenne d'Olivier Maillard, le frère en éloquence macaronique de Menot, est bien loin de valoir le sermon que nous venons d'analyser. Il n'en a ni les grands mouvements, ni les quolibets originaux, ni les traits comiques. Menot, en remuant profondément son auditoire, atteignait son but. Les grossièretés, qui à nos yeux déparent ses prédications, plaisaient à ceux qui se pressaient autour de sa chaire ; ils préféraient ce gros sel au sel attique; ils adoraient ces homélies tournées en mosaïque.

Avant et après Menot, un grand nombre de catholiques chantèrent l'amour profane marié à l'ascétisme dont la Magdaléenne est la personnification.

Le père Pierre de Saint-Louis paraphrasa sérieusement en vers burlesques le sermon du cordelier. Plaçons sous les yeux de nos lecteurs quelques extraits de cette poésie étrange. Magdeleine raconte ainsi sa passion pour le Christ :

J'eus autant d'amour pour cet homme excellent,
Il le faut avouer, je ne puis m'en défendre,
Qu'Hermione en conçut pour le grand Alexandre.

Car, comment résister à la nouvelle guerre
Des aimables attraits du vainqueur de la terre ?...

Sachant bien qu'il fallait, en cette conjoncture,
Marier à propos l'art avec la nature ;
M'étant bien ajustée, avec bonne raison,
Voyant que tout est prêt, je sors de ma maison.

J'entre dans mon carrosse, *aussi leste que belle* ;
Le pavé sous les pieds des chevaux étincelle.

D'un récit qui serait *à mon avis trop ample*,
Toujours au grand galop j'arrive jusqu'au Temple.

Il (Jésus) se lève et commence à si bien déclamer
Que je ne pus le voir, ni l'ouïr, sans l'aimer.
Mais lorsque mon amour pense à le conquérir,
Le sien songe à panser le mal qu'il veut guérir.

Ayant cru de pouvoir, *suant pour me parer*,
Lui porter un tel coup qu'il n'eût pas su parer.

Nommez ma passion une amour furieuse
Ou bien une fureur ardemment amoureuse ;

Car ce fut un mélange, à parler sans erreur,
De fureur et d'amour, d'amour et de fureur !...

Le bon père carme Pierre de Saint-Louis exalte l'amour divin du Christ *qui le faisait courir après une coureuse* :

Pour en faire sortir le corbeau du péché
Et placer la colombe où l'autre était niché !...

Pierre-Jacques-Philippe Le Sergent, recteur d'une paroisse à Belle-Ile-en-Mer, raconte ainsi la conversion de Madeleine dans son poëme intitulé : *Vie de Notre Seigneur Jésus-Christ :*

Simon donne à Jésus un repas magnifique ;
Tandis qu'il est à table, une femme publique
Court, entre, et vient chercher chez ce pharisien,
L'objet de son amour et son souverain bien.

Christ, qui connaît la fin de son humble prière,
Reçoit en bonne odeur ses amoureux soupirs,
Et lui donne l'effet de ses pieux désirs.

Les soupirs de ton cœur lui font rendre les armes ;
Ton pardon est le prix de tes sincères larmes.
Jésus, te témoignant un sensible retour,
Par un si grand bienfait répond à ton amour...

V

Le curé de Bangor décrit, comme on va voir, l'apparition de Jésus à Magdeleine :

L'amante de Jésus, Madeleine, éplorée,
Arrive au saint sépulcre, et demeure à l'entrée.
Elle y jette les yeux mille fois dans le jour
Et pense y retrouver l'objet de son amour.

L'évêque de Vence, Antoine Godeau, a publié un poëme de *Sainte Madeleine* qui se trouve parmi ses *Poésies chrétiennes et morales* publiées en 1663 à Paris. Voici les passages les plus remarquables de ce poëme :

L'illustre pécheresse eut pour les dons du corps
Tout ce que la nature enferme en ses trésors.
Mais ce fut un présent fatal pour Madeleine.
Le ciel ne vit jamais une femme si vaine,
Et qui par l'impudence en son impureté,
Ternît si lâchement l'éclat de sa beauté.

Elle était de la ville et la honte et l'idole.
Un ton mol et flatteur corrompait sa parole;
Ses yeux faisaient aimer leur cruelle prison,
Jusque dessus son trône attaquaient la raison.

Quelquefois la raison, quoique presque étouffée,
Lui peint l'horreur des feux *dont elle est échauffée*,
L'honneur de sa maison trahi si lâchement,
Le murmure public de son déréglement,
Des sales voluptés le servage funeste,
Et les terribles coups de la fureur céleste;
Mais l'ardente jeunesse et l'amour des plaisirs
D'un pouvoir absolu règnent sur ses désirs.

Madeleine l'écoute (Jésus), et Madeleine est prise,
Mais sans s'apercevoir qu'elle perd sa franchise.
Son esprit qu'aveuglait la sale volupté
Commence d'entrevoir quelque peu de clarté.
L'honneur qui jusqu'alors lui paraissait un conte
Lui paraît vénérable, et la couvre de honte.
Par la chaste pudeur son front est coloré
D'un brillant vermillon jusqu'alors ignoré.

Le ciel s'en réjouit, et l'enfer en soupire;
Le démon dont son cœur veut secouer l'empire
Tâche de retenir ce captif glorieux
Sous un joug qu'à ses sens il rend délicieux.

D'un flambeau distillant de poix et de bitume,
Une ardeur infernale en son sang il allume,

Il remplit son esprit de sales visions,
Il abuse ses yeux de cent illusions,

Il lui rend du passé les délices presentes,
Il invite ses sens à d'autres plus pressantes,
Et dans un noir chemin qui conduit au trépas,
Il lui fait voir des fleurs qui naissent sous ses pas.

Dans l'esprit, dans le corps, Madeleine tentée
Par de si grands assauts eût été surmontée,
Si la grâce du ciel, par de plus saints efforts,
N'eût éclairé l'esprit, n'eût soutenu le corps.

Simon fait de tous deux la censure secrète : phète (Jésus).
L'une est publique encor (Madeleine), l'autre n'est pas pro-
Si peut-être il n'ajoute, en son aveuglement,
Un blasphème plus noir à ce faux jugement.
Mais cet homme est un dieu, cette femme est un ange,
Et son juge apaisé prononce la louange.

A peine cet amour, pour modérer son feu,
Souffrait que sur la pierre elle dormit un peu.
Oh ! combien peu semblable à cette Madeleine,
Qu'une frêle beauté rendait jadis si vaine,
Dont les savantes mains formaient dans ses cheveux,
Pour prendre des amants, tant d'invincibles nœuds ;
Qui, dans l'acier brillant d'un miroir trop fidèle,
Inventait tous les jours quelque ruse nouvelle,
Consultait ses appas, essayait leur pouvoir

Et se rendait si docte en l'art de décevoir,
Sans songer qu'en prenant, elle-même était prise,
Et que chaque captif lui coûtait sa franchise.

VIII

Un poëte languedocien a chanté dans son patois les *Plans é souspirs de Santa Magdaleno, dins le desert, per oubteni l'amou de Diu, é le mesprex del mounde.* Il met les strophes suivantes dans la bouche de la Magdaléenne :

> Adiu plases en pinturo,
> Pousou de la creaturo
> Iou bons cassi de moun cor ;
> Adiu bal, adiu noublesso,
> Adiu mound', é ta ritgesso,
> Jesu sura moun tresor.
>
> Adiu flou de moun jouen'atge,
> Passo-tens, libertinatge,
> Iou mouri de languisou.
> La joyo m'es un supplici,
> Le cel es tout moun delici,
> È le mund' uno prisou.

Acós fait de Maddeleno
Nou boun metats pu en peno,
Moun partit es trop urous;
Iou soun morto, soun bibento,
Soun mestresso, soun sirbento,
Jesu es moun amourous.

Eh bien, le patois languedocien et le patois français des poëtes ecclésiastiques qui ont chanté la Magdaléenne ne valent pas les sermons du cordelier Michel Menot.

SEPTIÈME PARTIE

LA PAPESSE JEANNE

QUESTION HISTORIQUE

LA PAPESSE JEANNE

QUESTION HISTORIQUE.

I

Jusqu'au temps où vécut le dur moine Hildebrand, devenu pape sous le nom de Grégoire VII, qui au onzième siècle attaqua vigoureusement la débauche, la simonie, le trafic des choses saintes, et poussa le rigorisme, les prétentions cléricales à l'excès en instituant le célibat des prêtres et les investitures ecclésiastiques, le saint-siège fut presque toujours occupé par des papes dont l'élection était due aux influences les plus honteuses, souvent à celles des femmes.

D'anciennes chroniques rapportent que le pape

Jean VIII n'était autre qu'une fille, Allemande ou Anglaise, appelée des divers noms : d'Agnès, de Gilberte, d'Isabelle, de Marguerite, de Tutta, de Dorothée, enfin de Jean d'Angleterre. Conseillée et guidée par un moine, cette intrigante aurait acquis une profonde érudition en étudiant à Athènes sous les habits du sexe masculin. Ayant charmé à Rome, par son génie et l'étendue de ses connaissances, un grand nombre de personnes, elle se serait fait élire pape après la mort de Léon IV, en 855, sous le nom de Jean VIII.

Par malheur, dans un moment d'abandon, elle aurait trahi son sexe devant un cardinal dont elle aurait été la maîtresse et dont elle aurait eu un enfant, mis au monde publiquement, car on ne recule ni on ne déguise à volonté les douleurs de l'enfantement.

Des chroniqueurs affirment que, « frappée par la vengeance du Ciel, » cette profanatrice est morte à l'endroit même où elle avait accouché, en 857.

Selon Platina, l'institution de la chaire percée (*perforata*), au moyen de laquelle on s'assurait autrefois du sexe du successeur de saint Pierre, était due à la crainte de voir renouveler la scandaleuse aventure de la papesse Jeanne.

Nous n'avons ici d'autre mobile, d'autre souci que la recherche de la vérité, fortifiée par le dédain le plus absolu de tout scandale gratuit. Nous resterons fidèle à cette ligne en traitant la question historique si controversée de l'existence ou de la non-existence de la papesse Jeanne qui a divisé les historiens les plus autorisés, et sur laquelle les catholiques ont amassé tant de nuages.

II

Malgré les chroniques monacales et la croyance séculaire de nombreux catholiques en ce pontife féminin que partagèrent soixante-dix auteurs orthodoxes, entre lesquels, dit Moreri, il y eut plusieurs religieux et même des saints canonisés, Bayle, Basnage et Voltaire ont qualifié de fable la prétendue existence de la papesse Jeanne.

Platina, l'auteur d'une *Histoire des Papes*, qui ajoute foi à la papesse en fondant cependant son opinion, comme il l'avoue, sur le témoignage d'auteurs *incertains et obscurs*, ainsi que Théodore de Bèze, Jacques Lenfant et Frédéric Spanheim, ont été réfutés par Onufre Panvini, Bellarmin, le cardinal Baronius, Florimond de Remond, Launoi, le père Labbe, David Blondel, un des plus zélés partisans de la Réforme.

Parmi ces auteurs, les uns attribuent l'origine de la fable à une fausse chronologie des papes, les autres à la faiblesse de Jean VIII vis-à-vis des Sarrasins, ce qui est une erreur matérielle, ou encore au bruit répandu en ce temps-là qu'une femme avait été patriarchesse de Constantinople, ainsi que le pape Léon IX le reprocha aux schismatiques d'Orient dans une lettre au patriarche Michel.

Certains historiens veulent que la fable de la papesse soit le résultat de l'influence qu'ont exercée les femmes sur la papauté pendant trois siècles.

Cette dernière version fut hardiment soutenue par Aventin qui nous montre le pape Léon IX élevé par le crédit de Théodora, *courtisane noble et impérieuse*, et le pape Jean XII traînant après lui une horde de femmes. Il ne paraît nullement surprenant à Aventin que les contemporains d'un pape Jean, subissant la domination d'une femme, l'aient appelé dérisoirement *la papesse Jeanne*. Cette qualification parfaitement justifiée par les faits venait naturellement aux lèvres des frondeurs de la papauté tombée en quenouille.

Cependant les historiens partisans de l'existence de la papesse voient dans l'institution de la chaire percée et dans l'examen viril auquel étaient soumis les papes immédiatement après leur élection, la preuve irréfutable qu'une femme a occupé le trône de Saint-Pierre et qu'il a fallu rendre impossible un tel abus, un tel sacrilége.

Bernardin Corio dit au sujet des cérémonies de l'intronisation d'Alexandre VI, qu'après avoir été placé sur la chaire percée, familièrement touché et visité (nous gazons les termes), le pape donna la bénédiction et s'en retourna au palais.

III

Dans son *Histoire philosophique et politique du christianisme*, de Potter cite à ce propos les deux strophes du poëme intitulé le *Champion des dames*, de Martin le Franc, protonotaire du saint-siége, prévôt et chanoine de Lausanne, secrétaire des papes Félix V et Nicolas V, où il est dit en parlant de Dieu et à l'occasion de la papesse Jeanne :

> Ainsi toujours pas n'endura
> Que l'Église fût abusée
> De celle qui trop y dura;
> Car sa fraude fut accusée.
> Or, vengeance bien advisée,
> La sainte papesse enfanta;

Noncques plus la p..... rusée
A l'autel Saint-Pierre chanta.

Entre le moustier Saint-Clément
Et le Collisée, chacun vit
Le féminin enchantement.
Si fut tantôt fait un édit
Que jamais pape ne se fît,
Tant eût-il de science au nas,
S'il ne montrait le doigt petit
Enharnachié de son harnas.

Cet ouvrage fut dédié à Philippe II, le Bon, duc de Bourgogne.

« Pour ajouter quelques lignes, dit de Potter, à la longue liste des fraudes pieuses, des infidélités et surtout des omissions des auteurs catholiques qui ont traité l'époque à laquelle on place le pontificat de Jeanne, nous suppléerons ici à une lacune laissée dans la chronique de Jean Ypérius, ou Jean d'Ypre, abbé de Saint-Bertin, imprimée dans le *Thesaur. anecdot.* du Père dom Martène, au t. III, p. 545. Dom Martène fait suivre immédiatement le règne du pape Léon IV par celui de Benoît III, en ces termes : « Sedit Leos anni octo, mensibus tribus, diebus sex. Post quem fuit papa Benedictus tertius qui, etc. » Dans un manuscrit d'Ypérius possédé par la bibliothèque publique de la ville de Bruges, on trouve le passage suivant (f. 35) :

LA PAPESSE JEANNE.

« Sedit Leo annis octo, mensibus tribus, diebus sex. Post eum in apostolica sede sedere visus est tanquam papa, quidam dictus Johannes Anglicus, Magontinensis, qui fæmina fuit, juvenis ab amasio suo in habitu virili Athenis ducta. In diversis studiis sic profecit, ut postea Romæ legens, tantum magnos magistros haberet auditores. Et quia in scientia magnæ opinionis erat, in papatum... concorditer eligitur. Post hæc, impregnata et partus sui tempus ignorans, dum de sancto Petro Lateranum tenderit, inter Colisseum et ecclesiam sancti Clementis peperit. Ibique sepulta fuit, et per illam viam semper obliquatur. Credunt aliqui quod propter detestationem facti hoc fiat : nec ponitur ille Johannes in cathalago paparum, propter mulieris sexum. Sedit autem annis duobus, mensibus quinque, diebus quatuor ; et cessavit mense uno. Post quem fuit papa Benedictus III, qui, etc. »

De Potter n'ayant pas traduit ce passage en latin barbare de la chronique de Jean d'Ypres, nous allons le rendre de notre mieux à nos lecteurs :

« Léon occupa le siége (papal) pendant huit ans trois mois et six jours. Après lui siégea comme pape un certain Jean Anglais, de Mayence (?), qui était une femme amenée d'Athènes habillée en homme par son amant. Elle fit tant de progrès dans diverses études que dans la suite donnant des leçons publiques à Rome, elle eut pour auditeurs de grands savants. Jouissant d'une grande renommée par sa science, on tomba d'accord pour l'élire pape. Après cela étant devenue enceinte et ne sachant pas au juste l'époque où elle devait accoucher, un jour qu'elle allait de Saint-Pierre au Latran, elle accoucha entre le Colisée et l'église de Saint-Clément. On se détourne pour éviter de passer par cette voie. Quelques-uns croient que cela se fait pour montrer l'horreur que cet événement inspire. Le nom de Jean n'est pas écrit dans le catalogue des papes à cause de son sexe, car c'était une femme. Elle occupa le siége papal pendant deux ans, six mois et quatre jours, et cessa pendant un mois. Après Jean, Benoît III fut pape, etc. »

IV

On voit clairement la fraude catholique. Toute la citation qu'on a lue a été sautée par dom Martène, qui du pape Léon IV a passé à Benoît III en rayant le passage si intéressant de la chronique de Jean d'Ypres relatif à la papesse Jeanne.

Dom Martène n'avait pourtant d'autre guide que la chronique de Jean d'Ypres dont son *Thesaurus anecdotorum* (Parisiis, 1717) n'est que la reproduction *in extenso*, sauf le passage supprimé, le seul qu'il ait trouvé problématique et trop scabreux pour l'Église au milieu des nombreux faits de cette volumineuse histoire.

De tout temps les catholiques ont pratiqué le même système : nier, amputer et falsifier l'histoire quand elle leur est défavorable. Pour ne citer qu'un exemple entre mille, ils ont nié et déclaré fausse (même dans la Biographie universelle) le fait de la corruption de la sœur de Pétrarque, devenue la maîtresse publique du pape d'Avignon Benoît XII, fait patent et attesté par la colère du poëte qui éclata dans son sonnet : *Io non vo più cantar come solea*. Pétrarque avait rejeté avec indignation l'offre du pape, qui pour l'apaiser lui proposait la pourpre du cardinalat.

Cette précieuse découverte que de Potter a dû à l'amicale obligeance de M. Scourion, bibliothécaire et secrétaire du collége municipal de la ville de Bruges en Flandre, apporte donc un témoignage aussi précieux qu'irrécusable aux partisans de l'existence de la papesse Jeanne dont les compilateurs et auteurs chrétiens n'ont réussi à faire douter qu'en pratiquant, suivant leur habitude, des interpolations, des suppressions et des lacunes dans les chroniques monacales, comme celle de Jean d'Ypres[1].

V

Consignons maintenant, en opposition avec les témoignages que nous venons de citer, les opinions contraires de deux historiens italiens dont l'autorité est reconnue, de Muratori et de Bianchi-Giovini.

« On a cru, dit Muratori, que la papesse avait succédé à Léon, alors que les contes les plus ridicules trouvaient créance à cause de l'ignorance du peuple. Telle a été cette fable née seulement au treizième siècle. Aujourd'hui elle est tellement réfutée et reconnue fausse, même par les ennemis de

---

[1]. Le 21 octobre 1862, M. le baron de Ponnat a eu entre les mains le manuscrit de la bibliothèque de Bruges cité par de Potter. Ce manuscrit porte le n° 426 ; il est petit in-folio, et le passage relatif à la papesse Jeanne commence au folio 35, recto. Il a pour titre : *Cronica* (sic) *sive historia Monasterii sancti Bertini*. La chronique manuscrite de Jean d'Ypres, à longues lignes, avec initiales coloriées et titres des chapitres à l'encre rouge, est du quatorzième siècle.

la religion catholique, qu'elle vouerait au ridicule celui qui la discuterait. »

Il ne faut pas oublier que Muratori était prêtre, par conséquent intéressé à s'élever contre la thèse de la papesse. Il triomphe trop facilement sans apporter aucun argument. Nous préférons Bianchi-Giovini, savant historien de l'Italie, mort il y a quelques années, qui ne croit pas ridicule de discuter la question historique de la papesse et appuie sur un document la réfutation de son existence.

Selon Bianchi-Giovini, auteur de la *Papessa Giovanna* et d'une remarquable histoire des papes, le texte des chroniques mentionnant l'existence de la papesse Jeanne aurait été altéré, et entre autres chroniques arrangées, il cite celles de Mariano, de Sigeberto et de Gervaiso Tilberiense. Il prétend aussi avec Muratori que la légende de la papesse Jeanne n'aurait été mise en circulation que vers la fin du treizième siècle.

Outre ces raisons, ce qui détermine surtout l'incrédulité de Bianchi-Giovini au sujet de la prétendue papesse, c'est le dessin d'une monnaie publié par le cardinal Garampi, qui d'un côté porte autour l'exergue suivant : *HLotharius imperator*, et au milieu *Pius;* au revers de cette monnaie on lit : *Sanctus Petrus, Benedictus papa.*

« En confrontant, dit Bianchi-Giovini, le nom

de l'empereur avec celui du pontife, il est hors de doute que la monnaie appartient à Benoît III. Or, il est certain que Léon IV est mort le 17 juillet 855, et l'empereur Lothaire le 28 septembre de la même année. Il y a donc soixante-treize jours entre les deux morts. D'après les inscriptions de la monnaie du cardinal Garampi, l'ordination de Benoît III doit être arrivée dans ce court laps de temps où ne peut se placer un autre pontificat. » Entre le règne de Léon IV et celui de Benoît III, il n'y aurait donc eu ni pape ni papesse.

Sans nier systématiquement la valeur de l'argument de Bianchi-Giovini, un doute s'élève irrésistiblement en notre esprit. Cette monnaie ne peut-elle être fausse, fabriquée après coup? Puisque l'historien italien admet qu'on a inventé ou altéré des chroniques, afin de faire croire au règne d'un pape féminin, pourquoi n'aurait-on pas créé une ou deux pièces de monnaie pour prouver la non-existence de Jeanne la papesse?

Voilà l'objection *à priori* qui nous paraît sérieuse et puissante. Mais la contradiction peut se présenter sur une autre base.

La réfutation de Giovini s'appuie sur la simultanéité des noms de Benoît et de Lothaire que porte la fameuse monnaie. Mais au dixième siècle, de 975 à 985, un autre Lothaire, roi de France, et un autre Benoît VII ont été contemporains.

Qui nous assure que la monnaie en question ne leur est pas applicable, d'autant mieux que dans ce temps, on frappait des médailles en toute occasion, pour commémorer une cérémonie religieuse, une fondation de monastère ou d'église? Il est vrai qu'il reste à rendre compte du mot *imperator* difficilement applicable à Lothaire, de France, du temps des Othon. Mais après Charlemagne et avant l'avénement de Hugues Capet, les rois, ou plutôt les chefs du duché de France, prétendaient tous au titre d'empereur, qualification qui a très-bien pu être portée et frappée sur une monnaie, du temps de Lothaire de France, de 975 à 985.

VI

En résumant le débat entre des historiens d'une égale valeur, il faut convenir qu'aucun fait énoncé, qu'aucune argumentation n'a encore détruit la valeur des chroniques affirmant l'existence de la papesse, ni expliqué la coutume si longtemps persistante de la chaire percée, au moyen de laquelle les cardinaux s'assuraient du sexe du nouveau pape.

L'histoire de la papesse Jeanne est mentionnée

par Martin de Pologne, auteur d'une histoire des papes jusqu'en 1277, et par Anastase le bibliothécaire.

Presque tous les monuments des chroniques qui relatent l'aventure du pape féminin, comme celle de Marianus Scotus, chroniqueur du onzième siècle, et celle de Jean d'Ypres, étaient entre les mains des moines bénédictins et des prêtres catholiques. Tous les rédacteurs des anciennes chroniques sont des clercs, des moines, des abbés. Comment supposer qu'ils les eussent altérées pour y consigner un fait faux et nuisible à leur religion, tel que le roman de la papesse Jeanne? L'hypothèse de Bianchi-Giovini n'est donc pas admissible. Les catholiques, qui ont rarement trahi leurs intérêts de caste, se sont appliqués à supprimer dans les éditions de tous leurs livres reproduisant ou relatant d'anciennes chroniques, les passages concernant la papesse, de même que dans la série canonique, ils l'ont passée sous silence. Mais au milieu des désordres des neuvième et dixième siècles, rien n'est moins certain et authentique que la série des papes. Bianchi-Giovini, dans sa *Storia dei papi*, dit parfaitement que les collaborateurs du cardinal Baronius avaient entre les mains des chroniques que l'on devait taire pour l'honneur de la sainte Église romaine. Eh bien, c'est pour cette raison qu'on a tu l'histoire de Jeanne.

En quoi l'élévation d'une papesse à la chaire de Saint-Pierre présente-t-elle plus d'improbabilité historique que celle d'une patriarchesse et d'eunuques occupant le siége chrétien de Constantinople, ou que celle de l'androgyne mademoiselle d'Éon?

« L'histoire de la papesse Jeanne, lisons-nous dans une note de Gibbon (*Histoire de la décadence de l'Empire romain*, traduction Guizot), doit être regardée comme fausse, mais non pas comme incroyable. Supposons que le fameux chevalier français (mademoiselle d'Éon) qui, de nos jours fait tant de bruit, fût né en Italie, et qu'il eût été élevé dans l'Église, le mérite ou la fortune aurait pu l'élever sur le trône de saint Pierre ; il aurait pu se livrer à l'amour, et il aurait été malheureux, mais non pas impossible qu'il accouchât au milieu de la rue. »

« Il faut remarquer, dit le catholique Cantu, au tome VII de son *Histoire universelle*, que, dans un temps où les Latins reprochaient aux Grecs d'élever parfois des eunuques au patriarchat, ni Photius, ni aucun autre écrivain de cette époque ne leur opposa cette aventure scandaleuse (de la papesse Jeanne). »

De sorte que si Léon IX n'avait pas fait de polémique au sujet de la patriarchesse de Constantinople, il faudrait douter de son existence ; de même qu'en dépit des chroniqueurs, le silence de Photius à l'égard de la papesse prouve qu'elle n'a pas existé.

En vérité, de tels arguments sont peut-être catholiques, mais ils n'ont aucune valeur logique.

Dans la lettre XXVII de son *Voyage d'Italie*, publié en 1743, Maximilien Misson écrit qu'il a vu, en visitant le cloître de Saint-Jean-de-Latran, la fameuse chaise percée qui servait autrefois à la cérémonie dans laquelle on s'assurait du genre des papes. Il en donne le dessin; c'est une sorte de fauteuil d'une seule pièce de porphyre[1].

Maximilien Misson est un ardent partisan de l'existence de la papesse Jeanne; il appuie sa croyance sur une argumentation serrée, en cherchant à porter la même conviction dans l'esprit de son correspondant par sa lettre XXVII, que nous résumons.

Misson constate d'abord que soixante-dix ou quatre-vingts hommes, dont aucun ne peut être suspect de vouloir mentir, qui sont tous de la religion de Rome, quelques-uns même canonisés, ont dit positivement qu'il y a eu une femme sur le trône papal, puis il continue :

---

[1]. Après avoir examiné le pape, dit Misson, on criait à haute voix : « Nous avons un seigneur ou un pape mâle. » Mas nobis dominus est. — Testiculos habet, dignus est papali corona.

« Représentez-vous quelque Christine à la voix mâle et au menton barbu, quelque créature entreprenante, savante et déguisée en homme ; alors votre imagination ne travaillera plus, et rien ne vous empêchera d'acquiescer aux témoignages de notre histoire.

« Mais quelle apparence, ajoutez-vous, que cette femme ait pu si longtemps cacher sa grossesse, et qu'enfin elle ait eu l'imprudence de s'exposer au danger d'être obligée de mettre bas son fruit au milieu d'une procession solennelle ?

« Je vous réponds, premièrement, que la possibilité me suffit. Je dis, secondement, sur la première partie de votre objection, qu'une femme peut avoir beaucoup de moyens pour empêcher qu'on ne s'aperçoive de sa grossesse, surtout quand on est persuadé qu'elle est homme. Il est assez vraisemblable qu'elle accoucha avant terme, ou du moins la chose est probable ; ce qui, étant posé, on ne pourra ni la taxer d'imprudence, ni s'étonner de ce qu'elle cacha sa grossesse.

« Après tout, il n'est pas, ce me semble, aisé d'entendre pourquoi l'Église romaine se fait un si grand embarras de son pape femelle, comme si des papes monstres étaient des choses rares. Toujours sais-je bien que le cardinal Baronius ne fait aucune difficulté de donner ce titre à plusieurs d'entre eux.

« Je ne veux pas oublier de vous faire remarquer, avant que de quitter l'article de la papesse, ce qu'en écrit Mézerai : « Que ce sentiment a été « reçu cinq cents ans durant pour une vérité constante. » Il faut que je vous fasse souvenir de ce que Théodore de Nicus, Boissard et plusieurs autres ont écrit qu'on érigea une statue (qu'ils ont vue) dans le lieu où Sa Sainteté femelle accoucha, en mémoire de cette aventure. »

L'opinion d'un érudit, d'un voyageur spirituel, d'un observateur perspicace comme Maximilien Misson ne doit pas assurément être dédaignée.

VII

Quelque étrange qu'elle paraisse, l'odyssée du pape féminin Jean VIII ne saurait étonner ceux qui connaissent l'histoire d'un trio de courtisanes, de Théodora et de ses deux filles, qui, de 880 à 918, prostituèrent la puissance pontificale à tous les caprices de leur libertinage, à toutes les fureurs de leur mâle ambition.

Dans un temps où les rois et les grands feudataires de l'Italie pouvaient distribuer à leurs maîtresses des églises et des abbayes, lorsque les femmes, à la tête des factions seigneuriales, dominaient, gouvernaient la papauté, faisant et défaisant les successeurs de saint Pierre, pourquoi l'une d'elles, en masquant son sexe, ne se serait-elle pas fait élire pape?

Cet événement est non-seulement possible, mais rationnel. S'il n'a pas pour lui la certitude absolue, difficile à obtenir de cette époque obscure et tourmentée de l'histoire, il s'appuie sur les chroniques, les coutumes et les mœurs de ce temps. Nous le croyons vrai.

FIN.

TABLE DES MATIÈRES

	Pages.
INTRODUCTION	1

PREMIÈRE PARTIE.
Théodora et Marozia 1

DEUXIÈME PARTIE.
La Fille de Pierre (la grande Dévote) et Grégoire VII 65

TROISIÈME PARTIE.
Jeanne de Naples 115

QUATRIÈME PARTIE.
Lucrezia Borgia 137

CINQUIÈME PARTIE.
Madame Oympe (dona Olimpia) 199

SIXIÈME PARTIE.
Marie-Magdeleine (l'amante du Christ) 211

SEPTIÈME PARTIE.
La papesse Jeanne 247

Paris. — Imprimerie Viéville et Capiomont, rue des Poitevins, 6.

CHRONIQUES
DE
L'OEIL-DE-BŒUF

DES PETITS APPARTEMENTS DE LA COUR ET DES SALONS DE PARIS
Sous Louis XIV, la Régence, Louis XV et Louis XVI

PAR

G. TOUCHARD-LAFOSSE

NOUVELLE ÉDITION AUGMENTÉE DU RÈGNE DE LOUIS XIII

La vie murée n'existe plus ; toutes les habitations, toutes les consciences sont de verre. Loin de laisser le moindre coin de rideau étendu sur les *mystères* de la société, on les exagère, on leur prête des proportions colossales.

Et quelle époque fut plus féconde que les deux derniers siècles en aventures secrètes, en intrigues mystérieuses, en réputations usurpées, en petites causes ayant produit d'immenses résultats, en galanteries divergeant à l'aventure pour recueillir la fortune ou la faveur ? Jamais la Fable, même dans ses plus fantastiques conceptions, et quelques échasses qu'elle prenne, n'offrira rien qui puisse équivaloir à la collection de faits et gestes, de dires oraux et d'opinions écrites que l'investigation secrète a moissonnés à pleines mains depuis la majorité de Louis XIV jusqu'à la révolution de 1789 ; car jamais le prisme de la vie sociale n'offrit à l'observation autant de facettes diverses.

Aussi pas une seule publication des temps modernes n'a obtenu un succès plus général, plus soutenu que les *Chroniques de l'OEil-de-bœuf*. On les a lues et relues, on a voulu les posséder à Londres, à Saint-Pétersbourg, à Vienne, à Madrid, à Berlin comme à Paris. Plus d'un prince couronné s'est pris à étudier dans ce livre les splendeurs théâtrales de nos anciennes cours, les allures de nos salons d'autrefois, et jusqu'aux gentilles indignités de nos petites maisons.

Les *Chroniques de l'OEil-de-bœuf* réalisent l'*utile dulci* d'Horace : assurément par la lecture de ces tablettes, où les hommes et les choses sont considérés du canapé d'un boudoir, on jugera mieux l'esprit des temps qu'en compulsant les lourdes compositions dans lesquelles cet esprit a dû subir ce qu'on appelle les *convenances historiques*. En déshabillant la Vérité de ses atours, les graves annalistes l'ont rendue méconnaissable. M. Touchard-Lafosse lui a rendu, avec sa parure, toute sa fidélité.

GEORGES BARBA.

L'OUVRAGE COMPLET, FORMERA HUIT SÉRIES
Chaque série grand in-18 jésus : Prix 3 francs
Publié par GEORGES BARBA, libraire-éditeur, 8, rue Cassette

Paris. — Imp. Viéville et Capiomont, rue des Poitevins, 6.

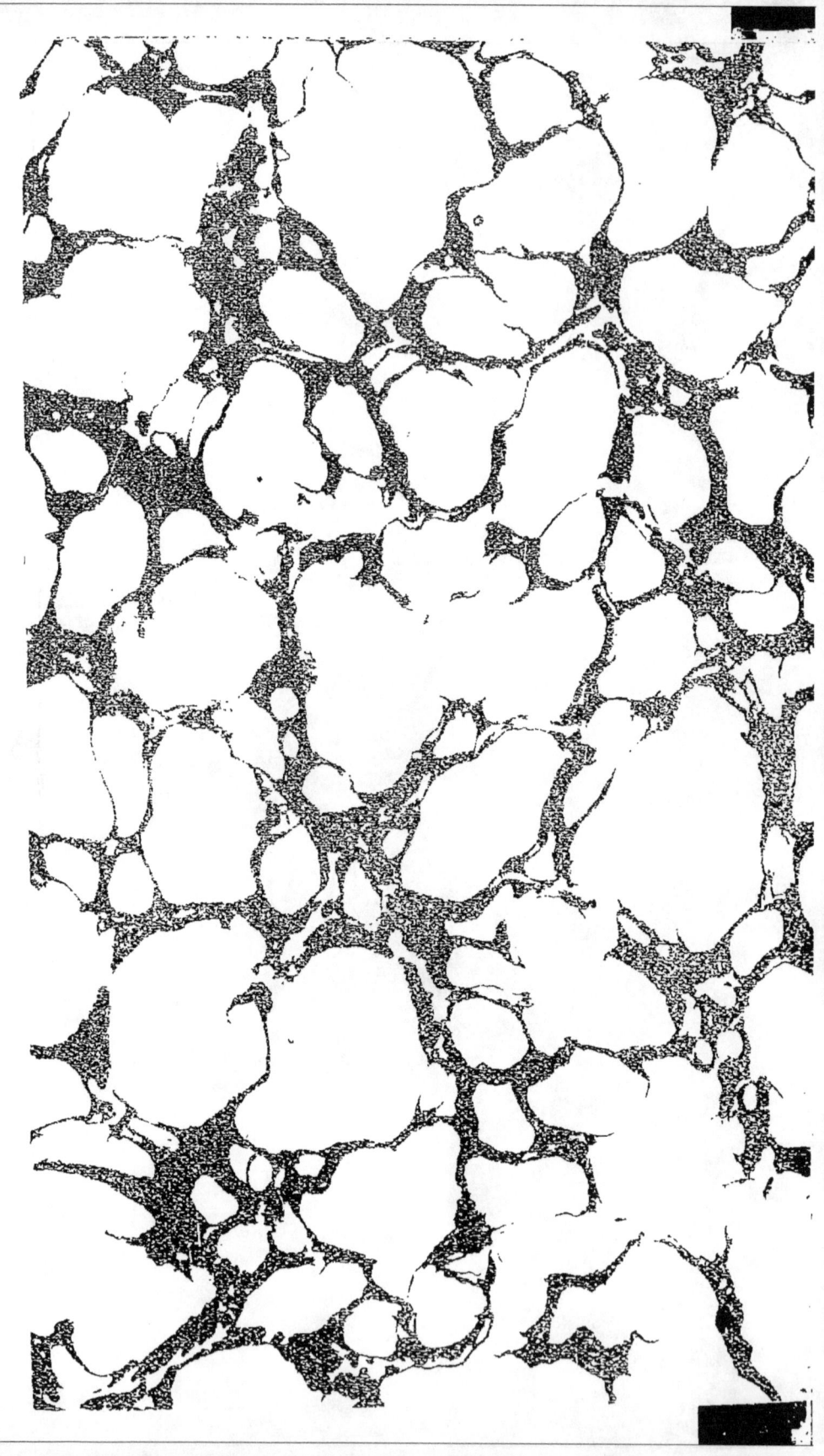

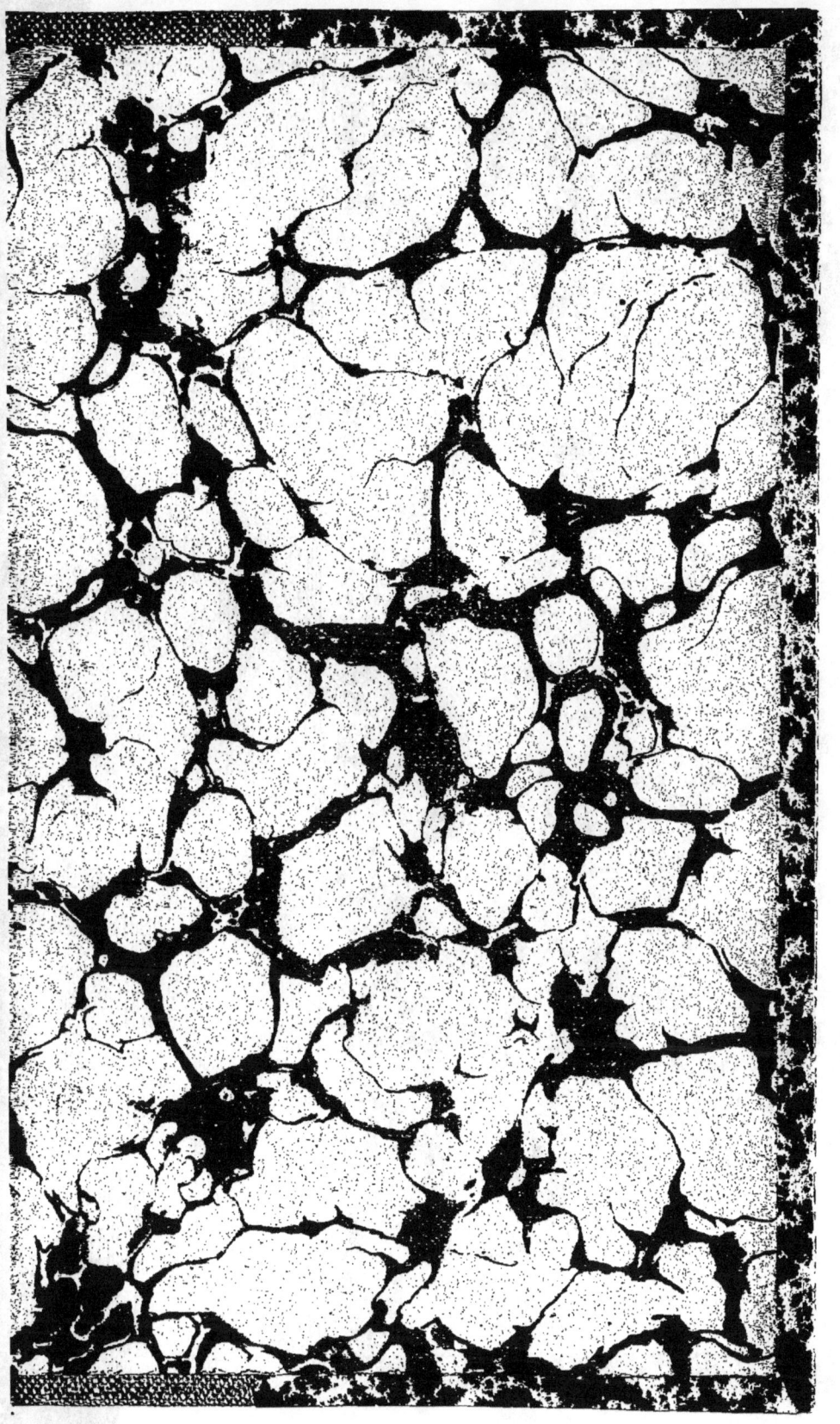

www.ingramcontent.com/pod-product-compliance
Lightning Source LLC
Chambersburg PA
CBHW071348150426
43191CB00007B/888